Effective Communication

高情商沟通

青音——著

陕 西 新 华 出 版
太白文艺出版社 · 西安

果麦文化 出品

序：内向，也能好好说话

我是一个将“谈情说爱”作为职业的人，因为我是一名“谈情”的情感主播和“说爱”的心理咨询师。

“说话”是我赖以工作的最重要的工具，我不仅要会说话，而且还要把话说得很漂亮。

但其实，我性格内向。

大学刚毕业那会儿，有个朋友要给我介绍对象，人家一听我是个主持人，连照片都没看就把我pass了，理由是：“女主持人啊，人来疯、自来熟，性格咋呼得受不了！”

介绍人说，这姑娘性格内向，人家说：“不可能，内向的能当主持人？！”

呵呵，这世界对我们打起标签来真是不客气。

没错，我性格内向，不仅内向，还慢热；不仅慢热，还敏感；不仅敏感，还很宅。我每年用于应酬和社交的时间份额特别少，因为我在陌生人社交的场合很容易就“没电”了。

我给自己“充电”的方式不是出去嗨，而是安安静静地自己待着——我是一个在独处中才会完整的人。

但这并不妨碍我成为中国最出色的情感主播之一。我曾在2010年和2011年获得全国播音主持最高奖“金话筒奖”，并在2011年的颁奖典礼上代表当年的十位获奖主播发言。

是的，我其实很会说。

所以，“性格内向”等于“不会说话”吗？——不，性格内向才应该更会说话。

性格内向是什么？

1913年，瑞士心理学家荣格首次提出了内倾型和外倾型性格，他根据力比多（libido）的倾向，也就是人的兴趣和情志的倾向，将人的性格划分为内向和外向。个体的思想活动倾向于外部环境，就是外倾性的人；思想活动倾向于自己，就是内倾性的人。

于是，人们普遍认为，外倾型（外向型）的人，重视外在世界，爱社交、活跃、开朗、自信、勇于进取、对周围一切事物都很感兴趣、容易适应环境的变化。而内倾型（内向型）的人，重视主观世界、好沉思、善内省、常常沉浸在自我欣赏和陶醉之中、孤僻、缺乏自信、易害羞、冷漠、寡言、较难适应环境的变化。

其实，这是一种对荣格理论的误解。

在荣格的理论中，人的性格是内向型还是外向型，并不是绝对的，而是像阴阳太极图一样，外向和内向是相辅相成的。比如，喜剧大师卓别林和英国的喜剧演员憨豆，都曾经在公开场合承认，他们的内心敏感又害羞。

心理学研究发现，内向的人之所以内向，并不是因为内心活动不丰富，恰恰相反——我们对外部世界其实是过于敏感的。

我们对一切外部刺激的反应都特别强，现场的气味、温度、声音、颜色、光影，别人的态度、姿势、眼神、话语……性格内向的人就像一个高度灵敏的接收感应装置，在社交场合它就会“特别耗电”，很快就会疲于应付，从而产生烦躁情绪。

性格内向并不是因为我们不在意外界，只在意自己，恰恰相反——是因为我们太在意外界。

对方喜欢我吗？对方接受我吗？对方为什么用这样的眼神看我？对方这句话到底是什么意思？对方心里对我是怎么想的？

于是，在我们还不够了解他人的上述意图之前，我们就会紧张，会放不开，会表现得很不自在。

我们心里渴望跟别人交流和交往，却又担心自己表现得不够好，会让对方失望，所以才会在陌生的社交场合里，总是显得自信心不足。

把“性格内向”和“不会说话”画等号，皆是因为我们在人前过度紧张，而并不是真的欠缺说话的能力。

把“性格内向”和“不善交际”画等号，是因为我们在常年的“耗电”中既不了解自己独特的“充电”方式，又长时间地进行自我攻击——认为自己的性格内向就等同于低情商，从而导致心理上的内耗过载，于是干脆收回了想要去主动社交的“触角”，仿佛一只鸵鸟，把头深深埋进了沙堆，只尴尬地露出粗壮的尾巴，自欺欺人地逃避现实。

但其实，我们的高敏感特质，如果能够在社交和说话中得到很好的运用，那么我们就应该是最会说话、最有情商的那种人。

因为敏感，我们更容易体察别人当下的情绪，并由他的反应体会到他的内心，所以我们就更容易说出对方此时此刻最想听到的话。只需要加以语言技巧的训练，我们就能够很轻易地成为善于沟通的高情商的人。

因此，这是一本教你语言和说话技巧的书，也是一本语言表达心理学的书。根据多年来在播音主持领域的实践和积累，我还专门准备了二十六节声音训练的小练习，想要会说话，没有让自己更自信的好声音怎么行？！

说话好听了，你的情商才能得到快速提升。

声音好听了，你的气质才会更加打动人心。

性格内向的我，从一个原本学习计算机专业的“小透明”，成长为一名国家电台的主播，一名心理咨询专家，再到一名创业者，一路“打怪升级”，越来越自信；社交份额并不多的我，也有了一个温暖深情的朋友圈，我的很多好同事、好同学和合作伙伴，最后都成了我的“后天亲人”。

亲爱的，我可以，你也行！

这本书，献给跟我一样性格内向的你，我们一起加油！

目录 | CONTENTS

基础篇

Part 1　有自信的说话之道

Part 3 有气质的说话之道

进阶篇

基础篇

PART
- 1 -

有自信的说话之道

用底气反抗父母“爱的操控”

“强势控制型”父母的语言控制模式是“你的人生归我管”+“我还不都是为你好”。你可以用的语言模板是：“我可以，请放心。”坚定并自信地告诉他们，你有足够的能力面对和解决自己人生里的问题。

“弱势控制型”父母的语言控制模式是“这一切都是我不好”+“你不听话就是没良心，太自私”。你可以用的语言模板是：“你们的能力有限，我的能力也是有限的。”迅速划清心理边界，抵抗他们不断推给你的内疚感。

“我这么做还不都是为了你好？”

“孩子是我生的，我想怎么教就怎么教！”

“我是用我的整个生命在爱我的孩子。”

……

这样的语气、这样的话我们是不是很熟悉？是不是一听就感觉到了无形的枷锁，有种窒息感？

有一期综艺节目《我家那小子》，嘉宾朱雨辰和朱妈妈的相处方式曾引起了超高的话题讨论度。因为怕朱雨辰上火，朱妈妈连续十年全年无休，坚持早上四点起来给儿子炖一个半小时梨汁。儿子不喝，她就说："你看妈妈为了给你弄这个，手都烫起泡了。"为了照顾演戏的儿子，年过七旬的朱妈妈跟着剧组到处奔波。她说："不管儿子走到哪里，我都会给他提供一个温暖的厨房。"

"用整个生命对待儿子"的朱妈妈没能感动网友。朱雨辰的一句"她太无微不至了，让我觉得我已经不太敢反抗她了"却引起了很多网友的共鸣。

有多少人在朱妈妈身上找到了自己妈妈的影子？又有多少人在朱雨辰身上找到了自己无法言说、不敢大声表达的苦处？

结构派家庭治疗大师萨尔瓦多·米纽秦曾经说过："每个家庭对自己说故事，然后相信这些故事，而成年后的我们需要重新看待这些故事。如果把家庭比作监狱，那么父母既是监狱的囚犯，也是监狱的警察。"一句话道出了原生家庭对我们产生的影响，以及父母操控、禁锢式的爱带来的爱与痛。

我们每个人都不可避免地会受到原生家庭的深远影响，这种影响会伴随着我们的一生。我们的语言模式、语言习惯、语言风格均来源于原生家庭；我们能否自信地表达自己，也跟小时候是不是得到了父母充分的肯定和赞美有关。

可以说，我们正面临或遭遇的一切问题，其根源都在父母。为什么我们和父母说话时总没有底气？为什么我们不能做到自信地表达自己？这在很大程度上其实都跟父母"爱的操控"有关。

父母"爱的操控"：传递爱的时候也传递了伤害

什么叫"爱的操控"呢？

我曾看过一部获得美国托尼奖的话剧——《丽南山的美

人》，剧中的母亲多年来用爱和内疚感控制着已经人到中年的女儿，不允许她恋爱结婚，只能和自己相依为命，甚至在女儿有了男友之后，不惜毁掉女儿的名誉来破坏这段恋爱。结果就是，女儿用疯狂的极端行为，将母亲残忍地杀害了。

“爱的操控”就是表面上貌似“伟大”“无私奉献”“完全以孩子为中心”的父母之爱，实际上是对孩子的一种心理控制。生活在这样令人窒息的爱里，孩子是感觉不到幸福的，也很难获得真正属于自己的幸福。

“强势控制型”父母的表现

心理学研究指出，心理控制分为“强势控制”和“弱势控制”，是一种颇具侵入性的管教行为，包括父母对孩子的想法、感觉和亲子依恋的控制，与孩子的负面发展有关联。

这样的父母，中心思想只有一句话：“你的人生归我管。”

想想看，在你的成长过程中，父母做过多少这样的事？比如青春年少的时候偷看你的日记，对吧？他们为什么要偷看你的日记呢？因为他们想知道你在想什么，是不是在跟谁交往，等等。既然你宁可选择跟日记本说心里话，也不愿意向父母敞开心扉，那就只能看你的日记了。因为“你是我生的，你的人生归我管”。

以前我在中央电视台做《购时尚》节目的驻场心理专家的时候，发现有很多参加节目的成年女孩都穿着过时，非常不符合她们当下的年龄。如果她们带着妈妈或爸爸来上节目，我们就会发现，尽管她们已经成年了，有自己的独立审美和思考了，父母依然会对她们穿什么衣服横加干涉，他们会说“那衣服颜色太鲜艳了，你不能穿”“那种款式不适合你，不是你该穿的”……尽管那些女孩原本就有自己喜欢的衣服，但她们还是会选择穿着妈妈买的衣服上节目，因为“如果穿了自己买的衣服，妈妈就不高兴了”。

那些成年女孩连穿什么衣服，自己都做不了主。

再放大一点，“强势控制型”父母还会怎样？干涉你的工作，不稳定的工作不能找，最好要“钱多事少离家近”；不要冒险不要追求梦想，梦想太遥远，安安稳稳过一辈子最理想；干涉你的交友，交男女朋友之前一定得他们先把关。还有就是婚姻大事，爸妈一定要主导，等等。

这些都是“你的人生归我管”的表现，而父母们常用的理由就是：我还不都是为了你好，别人我还不管了呢！

“强势控制型”父母的语言控制模式就是“你的人生归我管”+“我还不都是为你好”。如果你不听从父母的，他们就会痛心疾首地说：“我怎么会养了你这么个没良心的孩子？”“我为你付出这么多，你怎么就这么不听话呢？”“爸妈会害你吗？我们还不都是为了你好？”或者会说：“你再怎么怎么样，我就死给你看！”等等。他们打着“一切都为了你好”的旗号，无底线地接近你的生活，干涉你的自由，阻挠你的决定。

“弱势控制型”父母的表现

你可能会纳闷，弱势还怎么控制呢？那你不妨想一下，当你没有满足父母的某个期待、某个要求，他们眼泪汪汪地看着你时，你会不会感觉到愧疚，从而顺从他们、满足他们？

这种类型的父母平时都有哪些表现呢？

第一个表现，父母总是身体不好，但凡你不听话，他们就病了。只要你和他们意见不一致，他们就会不是这儿疼就是那儿疼，不是这儿难受就是那儿难受，就没有好的时候。

第二个表现，父母总也高兴不起来。这种父母总是不高兴，永远一脸忧郁、忧伤，在孩子面前总喜欢诉苦、抱怨，做什么都提不起兴致。心情不好的时候还会找你倾诉。比如每次你跟妈妈通电话，她不是跟你抱怨你爸的不是，就是诉苦说哪个邻居、亲戚又让她不高兴了，总之就是不高兴。殊不知，这样的父母给全家带来的都是负面影响。因为一家子都被他们的不高兴情绪控制着。

第三个表现，父母总是对你说："这一切都是我不好！"

"弱势控制型"父母常常对生活感到灰心绝望，于是更容易用这种语言来解读生活里的一切不如意。

"唉，还不都是因为爸妈没本事，咱家没钱。"

"你打小成绩差，唉，还不都是因为爸妈没本事！你的事业发展不顺利，都是爸妈没本事！你没对象，都是爸妈没本事！"

但凡生活里出现任何的不顺利，弱势型父母最终都会归结为："谁让咱家没钱呢！"这种因为没有钱而带来的伤害，会让人产生一种深深的无力感。而这又会从小给孩子造成怎样的心理暗示呢？你这孩子真倒霉，生在了爸妈没钱、没本事的家庭；你是下等人，你不如别人；生活是没有希望的，所以你这辈子也不可能有好的生活！

第四个表现，总是对你放心不下。

不管你多大了，在父母眼里，你永远是个孩子，他们总是对你放心不下，他们总会有各种各样的担心和焦虑："哎呀！你不会被骗吧！""我姑娘找个男朋友，不会被占便宜吧！""将来要是嫁到他们家，我女儿不会受欺负吧？""我孩子初到这么好的单位，同事会不会随意使唤他呀？""大城市打拼太辛苦了，物价还这么高，我儿子什么时候才能买得起房呀！"

心理学实验研究显示，过度担心就是"诅咒"，会导致孩子的生命中出现"墨菲定律"：父母总担心孩子会出错，那孩子一定会出错；父母总担心会发生不好的事，结果真的就发生了。长此以往，父母就会整日活在担心孩子的忧郁中，越来越认定孩子没有社会生存能力。

儿童精神分析大师阿克曼提出了一个很有意思的概念，叫“家庭中的连锁病态”。他指出，任何家庭中单个成员混乱或者扭曲的行为，都有可能引发其他家庭成员相对应的连锁反应，这便是深受弗洛伊德影响的家庭生活社会心理动力学概念。所以，长期生活在父母“爱的操控”下的孩子，长大后比较难成为一个内心充满力量、自信，敢于在众人面前侃侃而谈的人。

如何挣脱爱的“牢笼”？一切的关键在于“我”

大家牢记：越没安全感，才越有控制欲。用心理逻辑学来分析的话，无论是“强势控制型”父母还是“弱势控制型”父母，他们不是内心非常缺乏安全感，就是很善于制造你的内疚感。在这种环境下成长的孩子会变成什么样呢？敏感，没主见，优柔寡断，不敢表现自己。

大家不妨问自己这两个问题——你是一个缺乏安全感的人吗？你是一个容易感到内疚、自责的人吗？答案如果是肯定的，那当这样的你面对父母的时候，就很容易被他们所谓的爱控制，被他们的不安全感所影响，结果就是，父母对周围世界的恐惧你会照单全收；他们对你的否定，你也完全认同。当他们说出“还不都是为你好”“我们就是不放心”的时候，你立刻就慌乱了，虽然心里不舒服，但其实你也不相信自己，甚至完全认同了父母的那套说辞。

缺乏安全感的人，总是对自己充满了怀疑和不自信，当遇到一点点困难和挫折的时候，就会自我否定。

比如说被催婚，父母担心你嫁不出去会孤独终老，虽然你心里烦极了父母的各种耳提面命、花式催婚，但其实你对这世界一样没有安全感，所以只能一边跟父母生气，一边渴望爱又害怕爱。再比如，一生都被父母用愧疚感教育着、控制着的你，当父母说出“你怎么能这么自私，怎么能只考虑自己，你怎么不听话”时，你还敢说什么呢？你还敢做自己吗？

面对父母“爱的操控”，难道我们真的没办法挣脱吗？原生家庭带来的伤与痛，难道我们真的没办法疗愈吗？当然不是。享有国际盛名的心理医师苏珊曾说过：“理解是改变的开始，会带来新的人生选择。但只是换个角度看问题是远远不够的，真正的自由要靠我们改变自身的行为。”所以，大家不要担心，因为，一切的关键在于“我”。

面对控制型父母，如何说才更有底气

要改变现状，逃出被爱控制的牢笼，我们首先要做的就是改变自己。现在，我们就通过改变自己的语言模式来试着改变自我认知，学着让自己的内心变得强大起来！

大家要明白的一点是，父母对我们采取的强弱两种控制方式，其实透露了他们内心深处的不安全感和恐惧。而他们的“我都是为你好”和“我就是不放心”，背后的心理潜台词其实是：我们没有安全感，因此不相信也不放心你的能力。

这个时候，你只需要做一件事——坚定并自信地告诉他们，你对自己的人生有清晰的认识、准确的判断，你有足够的能力面对和解决自己人生里的问题。

具体怎么做呢？你可以用的语言模板是：“我可以，请放心。”

“爸妈，这事我早就想好了，我打算……放心！”如果你愿意，可以把自己的想法说出来。当父母明确地感知到你是一个做事有规划、有主见，且内心强大有力的人时，他们内心的恐惧和不安全感会减轻很多。

或者说：“爸妈，我都这么大了，能为自己做出的选择负责了。请你们相信我，也请你们放心。”

千万别跟父母着急生气，更别动不动就吵架，有理不在声高。回应父母“爱的操控”的最佳方式是，紧紧围绕“我可以，请放心”来陈述，你就会越说越有底气！

而当父母用制造内疚感的方式跟你说话，比如“这一切都是我不好”，或者说“你不听话就是没良心太自私，我们不开心了”的时候，你要迅速采取划清心理边界的方式，来抵抗他们不断推给你的内疚感。

你可以用的语言模板是：“你们的能力有限，我的能力也是有限的。”

你可以真诚地对父母说：“爸妈，在你们的能力范围内，你们已经做得足够好了，我为有你们这样的父母而感到骄傲！”这话一出口，我相信，父母停不下来的内疚、自责就会止住。原生家庭只是我们人生里的“有限责任公司”，父母的能力本就有限。言下之意，我后面的人生过得好不好，我自己可以负责。

或者你还可以这样说：“爸妈，人无完人，我不可能做到事事处处都让你们满意。你们的要求，我偶尔也会有做不到的时候。”言下之意，我也不是全能的，我不可能完全承担你们所有的情绪，这次让你们失望了，很抱歉，但我没办法为了让你们满意而一再勉强我自己。

学会这两个模式，今后与父母沟通时灵活运用到各种场景中，我相信，你与父母的沟通就会越来越有底气！

在父母面前能有底气地表达自己，前提是在心理上你不会过度依赖父母，不会将自己人生的失败与不幸推给父母，并且懂得为自己的人生负责。如果你想要恢复自信和力量，得到自由和幸福，那就先跳出容易内疚、自责的心理怪圈，这是你在任何人际关系中都要不断修炼、不断自我成长的功课。

♫ 好声音练习室

练习课1　让说话声更沉稳

如果说话声气若游丝，听起来软软塌塌，就会和好声音相去甚远。

每个人的音色和音质都各不相同，但是每个人都可以通过自己的发声系统，找到属于自己的“沉稳”声音，让自己的声音听起来稳健有力，还有底气。学会运用声音共鸣点，就是非常有效的练习方法。

第一步：自然站立，双肩下垂，身体不要紧绷，放轻松。

第二步：调整站姿，背部挺直，脖子不要前伸，身体依然放松。

第三步：用手找到胸前第二颗纽扣的位置，用手指按住。

第四步：口腔发出“ɑ”音，持续将“ɑ”音拉长，同时把手放在第二颗纽扣的位置，用心感受是否有共鸣产生的震动。

第五步：继续将手按在第二颗纽扣的位置，用第四声发出“嘿”这个音，多发几次，声音逐渐增大，逐渐用力，然后胸口就会有共鸣产生的震动感。震动感越强烈，说明你的共鸣性越好。

此外，大家还可以诵读古诗来进行练习，比如唐代诗人卢纶的《塞下曲》，效果就很不错。

塞下曲

卢纶

月黑雁飞高，
单于夜遁逃。
欲将轻骑逐，
大雪满弓刀。

多加练习，你说话的时候就会越来越自信有底气。

练习课2　自信冥想

用一首舒缓动听的音乐当作背景，找一个舒服的姿势躺下，轻轻闭上眼睛。

逐步放松你的眼皮、脸颊、下巴、脖子、肩膀、手臂、腹部、腰部、胯部、大腿、小腿、双脚。全部放松后，想象此时此刻的你背着一袋大米，正走在一条山间小路上，你要跨过眼前的这座高山，才能把大米卸下来。大米很沉，压得你快直不起腰来。你一步一步地往前走，腰越来越酸，腿越来越沉，可是你不能停下。终于胜利在望，你登上了山顶，眼前是一大片碧绿的草地。你立刻把大米卸下，累得瘫在草地上的你使劲伸了个懒腰，感觉好舒服。

最后，请在心里对自己说：“你真棒，你一定会越来越好！”

不卑不亢的底气来自懂得欣赏并接纳自己

看得到最好的自己，才真正懂得欣赏别人。怎样自夸才不招人烦呢？

一、“大方法则”说话法：“我不错，可是我也有不足。”

二、“得体法则”说话法：“我不错，你也不错！”

三、“盆栽法则”说话法：“我不错，但我还可以更好！”

你与任何人的关系都是双方互动的结果

我在德国学习心理咨询的时候，我的老师曾说过这样一句话：“所有的人际关系都是互动的结果，一定是你做了什么或者是没做什么，你们的关系才成了今天的样子，无所作为本身也是一种作为！”

这句话给了我非常大的触动和反思，可以说，它是一把用来打开一切人际关系症结的金钥匙。

这句话怎么理解呢？每个人都在关系中生存，在你来我往之中建立关系，发展关系。所以，你与任何人的关系都是双方互动之下的结果。倘若你正深陷于某段糟糕的关系里，即使你什么也没做，你也不能将责任完全推卸给对方，因为你的不作为、你的放任不管，这本身就是一种作为。

你们的关系现在什么样子、未来如何发展，你都是“责任人”之一。而你与自己的关系，是一切人际关系的基础。所以，改变自己才是改变关系的最好开端！

有了这样一个心理学认知作为基础，或许你就可以明白为什么自己在朋友和同事面前总是如“小透明”般被忽视了，关键就在于你的不作为，或者说有些事情你没做，比如学会运用语言魅力向别人展示自己的优点。

中国一直以礼仪大国著称，长辈们从小就教育我们“谦虚使人进步，骄傲使人落后”，于是，自谦的品格特质便融入我们的血脉之中。以前听过这样一个段子：一个外国朋友跟一对中国夫妇见面，出于礼貌，外国人赞美地说道：“先生，您太太真漂亮！”这位先生英文不大好，但为了表示谦虚，回应对方说：“Where, where.”外国朋友一脸蒙圈不知如何作答。

谦虚固然好，但是过分谦虚有时候会阻碍我们变得更好。

谦虚分两种，一种是真的觉得自己不够好。心理学研究发现，一个总觉得自己不够好的人，配得感和自我价值感都是偏低的，这样的人不可能获得真正的自信。人没了自信，还能干成什么事儿呢？

还有一种谦虚是，嘴上说的和心里想的不一样，表面上迎合别人客套地说着“我不行，你才行，你才厉害”，内心里其实骄傲得意得像只孔雀，这不叫谦虚，应该叫虚伪，是一种不太聪明的人际交往方式，容易让人反感。与其假客套，不如真性情。

在朋友和同事面前，我们如何展示自身的优点才算得体呢？自夸的话到底该怎么说？

不自信，也许是你无法接纳“我不够好”的真相

为什么你总是人前低调，喜欢在别人面前藏起自己的光芒呢？这或许跟很多人在青春期的特殊经历有关。青春期的你是否也经历过这样的心路历程——在外人面前表现得对自己多么不在意，比如不喜欢穿新衣，不爱打扮不爱拍照，习惯性地坐在教室后排位置……总之就是不喜欢引起别人的注意。可是回到家，在镜子前面站得最久的是你，瞧不起这个、看不上那个的也是你。那个时候的你，对别人的看法极其敏感——在他们心里，我是怎样的人？他们是不是不喜欢我？他们有没有背着我说我坏话？……就算心里翻江倒海，外表却还是假装波澜不惊。心理学认为，这种内在高度敏感、外在刻意清高冷淡，是一种非常不成熟的表现，心理学领域有一个专门的词来形容，叫“青春期型自恋”。

因为自恋，在青春期有了自我意识之后，你会开始对自己的缺点和不足格外在意，在追求完美的心理支配下，总觉得自己这也不好那也不行，所以那时的自己并不是不想表现、不想被人注意，而是太想让别人注意到自己了，但又因现实中不完美的自己而感到自卑，所以才会把自己“藏”起来。这其实是一种缺乏自信的自我表象。

在你之后的人生成长过程中，如果你没能及时补充心理营养，这种心理状态没能及时成熟起来，那么日复一日年复一年，你的人格基础和模式就此定型了。你会带着这种人格模式走进大学，进入社会，贯穿并影响着你所有的人际关系。有的人甚至会戴着“假装低调”的面具过完一生，一辈子都身处对自我的不接纳、贬低、压抑中，一辈子都不敢在人前表现自己，在人群里始终是个“小透明”，可内心又极度敏感脆弱，格外在意旁人的看

法。“玻璃心”其实就是这样逐渐形成的！

因此，如果你无法打破“青春期型自恋”，你在朋友和同事面前就总是会刻意隐藏自己，掩盖身上的光芒和优点，在人际交往中处于被动的一方，等着被别人发现。后果就是，与人交谈时感到不自在，不善于肯定自己，也不知道如何肯定对方，或者说出的话不讨喜，就算偶尔获得认可，也会显得不知所措，好像自己不配似的。别人夸你“今天这件衣服真漂亮”，你可能会瞬间羞红脸，摇摇头说：“哪里哪里，这衣服是从网上买的，可便宜呢。”拜托，人家又没问你哪里买的、多少钱，你慌张什么呢？

一个人不自信的根源是什么呢？不是能力问题，也无关个人形象，而是没能处理好与自己的关系，无法接纳“我不够好”的真相，所以从来不敢展露自己的光芒！

我们善于发现自己的不足，却不懂得接受自己的优秀

无法接纳自己，你就无法理解自己其实是可以有缺点，有不足的。

但是，谁人不被评说，哪件事不被议论？就像我曾经拍过的一个视频说的那样：“你又不是钞票，怎么可能让每个人都喜欢你。”很少有人能真正做到让所有人都喜欢自己的。

当我们接受了“这世上永远会有人不喜欢自己，而我们活着不仅仅是为了被人喜欢”这个道理之后，我们就会明白——学会欣赏和好好爱自己，才是最重要的！这种爱自己，是接受自己的“不够好”，同时也不掩藏自己的好。

或许有人会说：“可是我一身缺点，怎么看自己都不顺眼，我要怎么喜欢自己呢？”

快别跟自己较劲了，生活中就是有太多的人善于发现自己的不足，却不懂得如何接受自己的优秀。你该如何做才能放过自己，真正懂得欣赏和接受自己呢?

第一步，将自己不能接纳和不痛快的事，按照“不能改变的”和“能改变的”进行整理分类。

第二步，接受那些无法改变的。

比如，你的原生家庭，你的基因、智商、天赋，以及那些已经发生的事情等，这些都是不能改变的。你要做的就是，不再跟它们较劲，也不再去抱怨“为什么是我”，而是试着接受这些，接受是变好的开始。

第三步，改变那些可以改变的。

虽然原生家庭无法改变，但你的人生可以。比如说，你可以通过学习心理学，与父母和解、与自己和解，学着让自己将来成为足够好的父母，让原生家庭带给你的伤和痛不再延续到下一代；虽然智商不能改变，但情商可以提高，你可以通过不断学习积累、不断地提高为人处世的能力来提高情商；虽然外貌身高不能改变，但美好形象可以塑造，你可以通过提高自己的审美水平、打造良好的个人形象、掌握正确的语言表达能力来让自己更有魅力。

当你真正做到了这三点，那恭喜你，你已经懂得如何接纳自己、欣赏自己并喜欢自己了。这样的你，别人对你的反应、评价还会影响到你吗？不会了。

心理问题解决了，说话技巧、表达能力的提升就会事半功倍。

让你自夸还不招人烦的智慧说话法则

“相信自己，接纳自己”的空话、套话说再多也没什么用，跟大家分享几个不招人烦的自夸小技巧。

一、“大方法则”说话法：“我不错，可是我也有不足。”

所谓大方，其实是一种心态，一种不掩藏自己优点也不介意被人看到自己缺点的洒脱心态，因为那就是“我”本来的样子，“我”接受这样的自己。

在日常生活中，我是怎样运用这个说话技巧的呢？在一个认识新朋友的场合，我是这样介绍自己的：“大家好，我叫青音，我的职业是一名主持人。很多人都说我的声音好听，以前在中央人民广播电台主持节目的时候，很荣幸被听众们誉为‘夜晚的声音会发光’‘中国夜空下最治愈的好声音’。我也曾经凭借自己的专业能力获得了中国主持人最高奖‘全国播音主持金话筒奖’。所以，声音和说话是我的强项！不过，我的数理化不太行，你们绝对想不到我大学第一个专业学的是计算机，那时候最害怕的就是学习电子电路和各种编程语言，现在知识又还给老师了。不过我想，如果我计算机很厉害的话，中国可能会多了一个女程序员，但是失去了一个好的主持人。”

人际交往能力的核心就是说话的能力，不会说，说不好，还怎么交际？在上面的这个场合里，如果我们只介绍自己的不足，就会显得没自信；如果只展现自己的优点，又显得过于自负。我的做法呢，既坦露了自己的不足，又没有过分夸奖自己，这种表达方式让人感觉真实、不做作。有时候，做人“留缝儿”，适当通过透露自己的小秘密，暴露自己的小缺点来拉近彼此的关系，也是一种智慧。

二、“得体法则”说话法：“我不错，你也不错！”

比如说，别人夸你：“你今天的衣服好漂亮啊！”得体的回答应该是：“谢谢你，你这身也非常有气质。”或者，你可以把自己和对方“绑”在一起来夸奖——“今天我们俩这一身很搭，我这件很提气色，你这套特别有气质！”

这种语言表达方式就叫“送人玫瑰，手有余香”。所谓会说话、有情商，就是言谈举止得体，不贬低自己也能让对方开心。

三、“盆栽法则”说话法：“我不错，但我还可以更好！”

“盆栽法则”其实是一个生动的比喻，指的是，你说的话就像一颗让人心生好感的种子种在了别人心里，慢慢地开出了花来，让别人在不了解你的情况下，就对你产生了好印象，并且充满信心！

比如，你可以这样对老板说：“老板，我一直都是个不怕吃苦、干活不惜力的人，接手这个项目我非常兴奋，我会拿出百倍的热情去迎接挑战！”也许你的老板对你并不熟悉，但是，你的这番话一定会在他的心里种下好感的种子。

或者，面对刚认识不久的女朋友，你可以这样说：“亲爱的，你放心，我是个懂得负责任的男人，你的美好也更加坚定了我要好好守护你的决心！”

男人能说出这样的话，哪怕只是甜言蜜语，也能让对你还不完全肯定的姑娘柔情满怀、心花怒放。

无论运用哪种技巧来表达，自信都是做好一切的开始。“做人嘛，最重要的就是开心喽！”这是港剧里经常出现的一句台词，我把这句话改为“做人嘛，最重要的就是要对自己有信心”送给大家。要想打造落落大方的人际交往魅力，你就要从学会在别人面前不卑不亢地说话开始！

♫ 好声音练习室

练习课1　认识自己的优点

写信是心理咨询师经常会用到的心理调节方法。当我们对过往某个人或者某件事难以释怀、无法忘记的时候，心理咨询师在结束交流后，往往会给来访者布置一个作业，让他们回去给自己写封信。

这件事听起来简单，但是对于当事人来说可不见得，有的人会一边写信一边失声痛哭，有的人却完全写不下去，不知道该如何下笔。因为直面自己内心这件事并不是那么容易做到，但如果能够坚持去做，就会收获极大的进步。

所以，你不妨试着写两封信给自己，一封写给小时候的自己，一封写给现在的自己，就以“我来告诉你，你原来这么好”作为主题。

第一封信：总结小时候的自己所具备的十个优点，然后告诉年幼的自己：“我喜欢你！”记得要加上自己的名字：××，我喜欢你！

第二封信：总结现在的自己所具备的二十个优点，继续告诉自己：××，要加油，你很棒！

在这个世界上，只有一个人对你永远不离不弃，也只有一个人最值得你的肯定和赞许，这个人就是你自己！

练习课2　集中注意力

用一首舒缓动听的音乐当作背景，然后找一个舒服的姿势躺下，轻轻闭上眼睛。逐步放松你的眼皮、脸颊、下巴、脖子、肩膀、手臂、腹部、腰部、胯部、大腿、小腿、双脚。全部放松后，想象此刻你的面前有一幅山水画，画上有一只小乌篷船，很小很小，看起来只有硬币那么大，船上有一支船桨。从现在开始，请你专注地盯着这支船桨，不要转移视线，坚持十秒钟，一、二、三、四、五、六、七、八、九、十。然后放松眼睛，再放松，让这种轻松感像电流一样流过全身。做完之后，再重复一次。

亲密关系里的高情商沟通

在亲密关系里，会说话的女人可以让亲密关系变得更亲密。怎么说呢？关键是要跟爱人说好三句话——温柔而坚持地说“不”，语言公式：“我不 + 原因”，或者是“我不 + 原因 + 要不然”；直接而坦然地说“要”，语言公式：“我想要 + 你真好”；准确而有艺术地说“痛”，语言公式：“我的感受 + 我需要你”。

二十岁出头的年轻女孩和三四十岁的熟女，在亲密关系中最大的区别是什么呢？作为一名解决过上万个情感问题的心理咨询师和情感主播，我认为，最大的区别在于需求的表达方式。年轻女孩总喜欢玩“猜”的游戏，自己的心思就是不明说，让对方各种猜，因为她们认为，你爱我就应该懂我，就算我不说，你也应该知道我的想法，这才是真的爱我。而熟女们想要什么或者不想要什么，都会直接而明确地表达自己的想法和意见，在经营亲密关系的时候，也懂得如何让对方跟着自己的节奏走，随时掌握主动权。

在亲密关系中能否掌握主动权，在很大程度上决定着一段感情的成败与走向。如何掌握主动权？简单说就是，温柔的坚持和高情商的表达。

记得有一次林志玲在宣传电影《赤壁》时，记者刁钻地问她与梁朝伟的身高差问题。林志玲机智答道：“也许你们认为身高是个问题，但是在我心目中，男人的气度远胜于高度。”一句话既破解了记者的刁难，又为自己赢得了声誉，同时还维护了梁朝伟的形象。这样的女人谁不爱呢？

话说得漂亮的女人，会给人如沐春风的感觉。在亲密关系里，会说话的女人可以让两人变得更亲密。怎么说呢？关键是要跟爱人说好三句话——温柔而坚持地说“不”，直接而坦然地说“要”，准确而有艺术地说“痛”。

对爱人说“不”，要温柔而坚持

我曾看过这样一个故事：一对老夫妻一直相敬如宾，两人都喜欢吃鱼。每次吃鱼的时候，丈夫都会把鱼肚子肉夹给妻子，而自己吃鱼头。妻子理所当然地以为丈夫就是喜欢吃鱼头，所以每次吃鱼都主动把鱼头留给丈夫。直到丈夫临终之际，他对妻子说：“谢谢你，每次都把鱼头留给我吃，但我一直没告诉你，其实我最不爱吃的就是鱼头。”这时候妻子才恍然大悟，眼泪汪汪地看着丈夫说：“其实我最爱吃的是鱼头。”

这个故事除了感动，还有遗憾和心酸。这是何必呢？本应该是最亲密的两个人，却连向对方坦然说“不”都做不到，两个人都用虚假和不真实的自我去迎合对方，试问，这样的关系怎么可能亲密得起来？

杨澜曾经说过：女人要明白，懂得拒绝别人，其实也是一种能力。在亲密关系里，我们必须知道自己应该在什么时候优雅地说“不”，因为没有人会因为你无条件的顺从和迁就而多爱你一点。为了讨好别人而一味地妥协，一味地失去自己的原则和个性，你觉得对方会更爱你一点吗？

不会说“不”，你们的关系只会更疏远。

很多人不敢说“不”，宁可违心地去做一些自己并不想去做的事情，因为担心对方会不高兴、会失望，在他们的认知里，“没有让对方满意”就代表自己不够好，就等于“是我的错”。

但事实并不是这样！被拒绝并不代表自己不好，也不一定就会影响关系，相反，适当地麻烦别人反而是在拉近彼此的距离。

真正成熟的人，不会活在别人的评价里，一个劲儿地去迁就、迎合他人，而是懂得为自己的生活负责、为自己负责，对自己不愿意、不接受的事，可以温柔而坚定地说“不”。

当爱人提出的要求你不想接受时，如果直接说：“我不想，我就是不愿意！”会让对方觉得你不够善解人意，那应该怎样温柔地坚持自己的“不”呢？

第一步，明确拒绝。不要引人遐想，或者让对方觉得你在试探。

第二步，提供B计划。让对方觉得你虽然拒绝了他，但是依然花费心思制定了其他计划安排。

具体怎么说呢？大家记住下面这个语言公式：我不+原因。

直接说“不”，并且对“不”做出合理的解释，请注意，必须是合理的解释，这样才表示你经过了深思熟虑，并且有理有据，对方就算被拒绝也可以欣然接受。

比如，丈夫想带你去爬山，可你不喜欢爬山，你可以这样说：“亲爱的，我不想去爬山，因为我的膝盖以前受过伤，我担心爬山会再次伤到膝盖。”

学会这个基础版公式之后，你还可以进行升级：我不 + 原因 + 要不然。

“亲爱的，我不想去爬山，因为我的膝盖以前受过伤，我担心爬山会旧伤复发。要不然，我们周末去游泳好不好？或者你也可以约你哥们儿去爬山，你们也有好久没聚了。”

对爱人说“要”，应直接而坦然

在中国式亲密关系里，情侣之间大多羞于说“我要”两个字，也不怎么懂得如何向爱人提要求。于是，大家都习惯性地压抑自己的需求，将内心的真实感受隐藏起来。

比如，那些独立能干的姑娘约会的时候总喜欢抢着买单，看到别的姑娘手捧鲜花一脸幸福，即使心里羡慕得不行，也从来不好意思开口要礼物。

不会提要求也不敢说“我想要”的姑娘，在交往中会显得过分“懂事”，在性关系中也会害羞不主动，这就会让你们的关系处于矜持和不自在中，这也太索然无味了点。

当然，我并不是提倡女性过于物质，独立不依赖别人本就是优点。

可是，如果你真的想与对方建立亲密且长久的关系，就要适当给对方为你付出的机会。过于懂事的傻姑娘让男人省心了，但也容易把男人惯成了懒男人或者是笨男人，或许对方本不是这样，但因为你长期大包大揽，无所不能、无坚不摧，还从来不提要求，对方就会觉得你样样都行，不需要他做什么，你自己就可以照顾自己，所以你不需要被在意、被珍惜。

其实，这也是不够自信的表现。对方怎么对你，都是你造成的！

我曾看过这样一段对话：

“你觉得我怎样？”

“很好，很懂事，是个好女人。”

“那她呢？”

“她只是个小女人，所以需要我的照顾。”

会哭的孩子有糖吃，懂事的姑娘没人疼。

在亲密关系里，每个人都需要对方，更渴望被对方需要。更何况，姑娘，“我想要”这种话没什么不好意思讲的，因为爱你的人是不怕你提要求的。所以，大胆向你的爱人说“我想要”吧！

想要改变现状还来得及。怎么做呢？

第一步，正视自己的需求，不要觉得不好意思。

你是个正常人，有正常的物欲、食欲、性欲；有正常的心理需求，需要被体贴、被赞美、被肯定、被照顾、被理解，需要被满满的安全感包围着。你要看到并且接受这些，不要去压制，否则你连自己想要什么都不知道，更别说用语言表达出来了。所以，也别再抱怨伴侣不心疼、不体谅你了，可能你对自己都没那么上心。

第二步，直接并坦然地说出自己想要什么，想让对方为你做什么。

在《大话西游》里，有句经典的台词：“你想要什么你就说嘛，你不说我怎么知道你想要呢？”别让对方去猜，他们不是你肚子里的蛔虫。直接而坦然地对爱人说“要”，偶尔撒撒娇、求抱抱，爱你的人会对此求之不得，这才是亲密关系最好的黏合剂。

那么“要”的话怎么说呢？用“我想要 + 你真好”语言公式。

先明确告诉对方你的需要，不要模棱两可，不要拖泥带水，随后立刻表达感激和赞美，你获得了你想要的，对方也会因为被你需要而感到满足。比如，你想要一束花，那么就直接告诉你的爱人："亲爱的，那束花好美啊，你给我买一束好不好，每天一起床就能看到你送给我的花，这一整天的心情肯定都美妙无比。"等他满足了你的需求，马上称赞他："哇，谢谢我最亲爱的老公，老公你最好了！"今后他将更有动力满足你的需要。

只有让另一半感受到你是他独一无二、无法割舍的爱人，他的心才会永远坚定地留在你身边。

对爱人说"痛"，得准确而有艺术

在《男人来自火星，女人来自金星》这本书里，作者约翰·格雷将男人比作洞穴生物，他们受了伤宁愿自己躲进洞里舔舐伤口，也不愿意被同伴看到、不愿意被抚慰。对男人而言，表达"痛"是一件非常难以启齿的事，向亲人和爱人流露脆弱似乎显得自己不像男人，他们自己也无法接受。

那么，女性是否就善于表达"痛"呢？并不！

这样的对话场景生活中应该很常见：丈夫忙于应酬经常回家很晚，妻子不断抱怨说："你又回来这么晚，你眼里还有这个家吗？你心里还有我和孩子吗？你把这个家当成什么了？我这根本就是丧偶式育儿！下次再喝醉回来这么晚，你干脆别回来了！"男人听到你这样说，不心生烦躁才怪。

其实，妻子真正想表达的是自己的脆弱和痛，却让对方感觉到自己受到了攻击。而其实，妻子的每一次攻击都是爱的呼吁。

亲密关系的表达需要技术，更需要艺术。向爱人表达"痛"

的时候，一定不要把自己的“痛”变成攻击，否则会触发对方的心理防御机制，在心里对你树起一道屏障，甚至还会反过来攻击你、责怪你，这样一来，你的“痛”就更没人理解了，本意是想要被爱，结果却适得其反！

正确的说法是：“我的感受 + 我需要你。”

首先把焦点集中在自己的“痛”上，说出“我”的感受是什么，比如孤独、焦虑、担心、沮丧、我觉得没人爱、我想哭……然后再说：“我需要你多陪陪我。”“我需要你抱我一会儿。”“我需要你跟我说句鼓励的话。”“我需要你能理解我的感受。”……

面对因应酬而晚归的丈夫，如果妻子这样说：“老公，你又回来这么晚，又是一身酒气，喝酒最伤身体，我真的很担心你的健康。而且你经常不在家，我感觉非常孤独，尤其是孩子最近学习也不太好，感觉很累，我特别希望以后你能早点回家陪陪我和孩子。你一向比我睿智，要是你能在家多多指导孩子，他肯定进步很快。”温柔而脆弱地承认自己真的需要对方，这样做的效果是不是要比攻击的表达效果好很多？

张德芬说女人最厉害的“武器”有二：温柔的坚持和脆弱的要求。我很认同，温柔地坚持自己的原则和立场，优雅地说“不”。与此同时，正视自己的需求，承认并接纳自己是需要被爱的，坦然说“要”，脆弱说“痛”，我想，这是掌握亲密关系主动权的表达艺术。

♫ 好声音练习室

练习课1　眼神训练

我们常说眼睛是心灵的窗户，说话的时候，如果你能配合眼神来传达内心的情感和情绪，将会让语言表达更有魅力。

在这里，我教给大家两个训练方法。首先，是六小龄童式的聚焦练习。我们都知道，六小龄童是《西游记》中孙悟空的扮演者，孙悟空是火眼金睛，可六小龄童却高度近视。为了演好孙悟空这个角色，六小龄童专门去做了眼神训练：在一间黑屋里点一支香，眼睛一直盯着香头不动，香快燃尽时就马上点下一根，持续好几个小时，进行聚焦练习。

你还可以将香替换成其他东西，在家或在公司都可以训练。如果是在家，练习分为四步：

第一步，准备一张白纸，在白纸中间画一个圆点，可大可小，能看见就行。

第二步，把纸贴在面前的墙上，让圆点与视线同高。

第三步，盯着圆点做聚焦练习，尽量不要眨眼，眼睛感到酸胀时也要尽力克服，慢慢坚持，每次训练时都在上一次时长的基础上延长时间，逐步增加。

第四步，搓热双手，或者用热毛巾敷在眼睛上，进行放松和休息。

另一种练习方法，叫运目练习。京剧艺术大师梅兰芳先生当年为了让自己的眼神更加灵动，特意饲养了很多鸽子，每天让自己的眼睛紧紧盯住鸽子，随着它们的活动而转动，由此让眼睛得到充分运动。

在家时，可以盯着墙上的挂钟，先以顺时针方向沿着挂钟边缘移动视线，再以逆时针方向移动一圈，来来回回，多重复几次。

在公司时，可以将所有物件当作目标，坐在椅子上保持全身不动，只用眼睛打量办公室环境，看看上面、下面、左边、右边、正前方……在这期间你的头颈、肩、身体都不能移动，然后慢慢加快视线移动的速度。

按照以上练习方法，每天坚持下去，你也可以拥有灵动的眼神。

练习课2　爱情冥想小曲

把一首舒缓动听的音乐当作背景，然后找一个舒服的姿势躺下，轻轻闭上眼睛。逐步放松你的眼皮、脸颊、下巴、脖子、肩膀、手臂、腹部、腰部、胯部、大腿、小腿、双脚。全部放松后，想象你和爱人正在一个湖边，湖水清澈见底，微风舒缓轻柔，无比舒服。这时，爱人递给你一枝盛开的芍药花，花瓣粉白色。忽然一阵风吹过来，一片花瓣吹落，漂在湖面上，原本平静的湖面瞬间泛起涟漪，一圈、两圈、三圈、四圈、五圈、六圈……接着越来越多的花瓣掉落，湖面的涟漪也越来越多，波纹扩散得越来越远。一圈、两圈、三圈、四圈、五圈……你和爱人相互倚靠着，对方的呼吸就在你的耳畔，你们好像在春风里睡着了……

你如何说，领导才更喜欢听

高情商沟通绝不仅仅是嘴甜圆滑会说话，和领导沟通的关键在于积极、有效、简明。具体要做到四个方面：汇报工作时对事不对人、用数据和结果说话、提供多个问题解决方案并做到逻辑清晰。最稳妥的说话模板：开场提出时间“我可能会占用您几分钟时间”，提出事件“我想跟您汇报××事”，随后条理清晰地拿出数据、列出重点，最后用自谦且有启发性的句式结尾。

在京东流传着一个刘强东怼员工抱怨的故事：一次，刘强东给业务人员开会，要求200%的业绩增速，一位销售VP说有难度，开始陈述阻碍重重的理由。刘强东立马打断他：“对不起，你没听懂我的问题。我问的是怎么增长，不是问怎么不能增长。”后来，在业务例会上再也没见到此人的身影。

一个啰唆的下属和一个说话精辟的下属，老板会更愿意听谁说呢？答案很明显。老板在公司里掌握着生杀予夺的大权，会不会说话，话说得漂亮不漂亮，要比你会不会做事更关乎着你的去留和前途。

有句话说得好——“干得好不如说得好。”这句话虽然有些偏颇，但是在职场中，如果你就是那个会做事又会说话的员工，我相信，你肯定很快就能获得领导的青睐和重用。

但是，生活中有很多人都不善于和领导沟通，甚至是害怕和领导沟通。我还是职场新人的时候，见了领导也绕开走。以前没觉得这是个多大的问题，直到2015年我创业自己做了老板，发现一些员工跟我沟通时都很不自在，我才开始反思自己，原来以前我在和领导沟通时也存在着很多问题。

从员工到老板，这层身份的转换让我更清楚地看到了职场沟通力的重要性以及大家沟通时存在的问题。我梳理总结了自己做主持人时的说话经验和技巧，再结合心理学方面的知识，跟大家分享一些职场里的说话技巧。

和领导说话时，你犯过哪些错

人在职场，要想生存和发展得好，需要注意许多忌讳，尤其是和领导说话时，更要谨慎谨慎再谨慎。

把领导看得太高

在职场中，怕老板的人不在少数。每次和领导沟通，心里就一直打鼓，好像要进考场一样，腿肚子哆嗦个不停，因为觉得自己口才不好、专业知识不够、书读得不多、说话也缺乏逻辑，感觉就像领导不是你的职场伙伴，而是你的考官，每天只会找你挑错似的。其实不用紧张，领导既不是人生判官，也不是生活评委，他最在意的其实是你的工作态度。

总觉得领导太忙

有的人不敢向领导汇报工作，总想着领导都很忙，担心自己说的话没有意义，领导没耐心没时间听完，甚至会担心自己的汇报会影响领导做更重要的事……于是每次汇报都上气不接下气，恨不得三两句就把话讲完。结果这样荒腔走板的状态，在领导眼里就成了对工作不认真。

看低领导

有些人则自视甚高，总觉得领导工作能力不如自己，各方面都没有自己专业！这种人和领导沟通的时候会带着些许傲慢和漫不经心，或者用不招人待见的语气回应领导。但是，大家想一想，一个人能做到领导的位置，必然阅人无数历经风浪，很多事他只是看破不说破而已，但这并不代表他会一直容忍你。所以我们应该清醒自持、低调做人，不要骄傲过头。

越级汇报

1995年，被誉为“打工皇帝”的唐骏当时已经通过了微软的面试。他在做出Windows操作系统的开发模式方案，并获得实验模块的测试成功之后，非常兴奋地给比尔·盖茨写了一封电子邮件，想要一鸣惊人。

比尔·盖茨给唐骏回了一封短信说：“我没有时间看你的具体内容，不过，我建议你和你的直接领导沟通一下。如果能证明这是一个很好的想法，我相信你的主管会很感兴趣。”

事后，唐骏回忆说：“坦白说，当时的我很有点心高气傲的感觉，所以想得到比尔·盖茨直接的认可。但我这样越级报告的行为本身，从管理的角度来看是非常错误的。这种动不动就找高层领导，并认为这是职场制胜法宝的心理，在中国不少企业的员工里并不少见。”

比尔·盖茨当时的回信其实很有技巧，他没有表扬也没有批评唐骏，也没有把信转发给唐骏的顶头上司，但是，他通过这种方式告诉了唐骏，怎样做才是与上级沟通的正确流程和方法。

下级越级汇报是对领导的不尊重，也是对他权威的一种藐视，更是对企业运作流程的逾越，无论在哪里都是不被认同的。

是不是已经有人看到了自己的影子？

我们为什么做不到和领导好好说话

心理学研究表明，我们的原生家庭经历，常常会在我们成年后与别人之间的互动中再次浮现。所以，员工与领导之间出现沟通问题，往往和他的原生家庭有关。比如，那些对领导心生恐惧的员工，家里也许有一位威严的父亲或是挑剔的母亲；总觉得领导偏心不公的员工，从小可能受尽了委屈和亏待；喜欢和领导对着干的员工，平时也会对亲人耍脾气，仿佛青春叛逆期被拉长了；还有那些认为领导不重视自己的员工，在成长过程中，他们的想法和感受也许从未被人在意过。

在心理学领域，这种现象叫“心理投射”，指一个人把自己之前经历过的情绪、感受、价值观、信念、好恶等体验，不自觉地投射到外界事物或者他人身上。当我们把对原生家庭的负面感受不经意地投射给领导时，就会不知不觉树起一道屏障，领导变成了你满腹怨气的“父母”，而你则是一直不知道怎么跟父母相处的孩子。

在心理投射的影响下，你和领导都变成了“猫鼠游戏”的参与者。你的工作驱动力不是成绩，而是领导有没有关注你、重视你——领导表扬你，你就能开心骄傲好久；领导忽视你，你就开始凑合糊弄工作。

领导和员工之间的关系，是职场里最核心的关系。你要清醒地认识到，你与领导的关系不是父母与孩子的关系，更多的是合作的关系，你没必要把他当成领导，但你可以把他当成生活上的前辈，敬畏他而不是畏惧他，真心诚意地跟他沟通交流。

如何和领导更好地相处、交流

沟通是一种技能，高情商的沟通也绝不仅仅是大多数人以为的嘴甜圆滑会说话，和领导沟通的关键在于积极、有效、简明。再具体点说，就是要做到以下四个方面。

汇报工作时对事不对人

职场既是名利场，也是是非地，“对事不对人”是处理人际关系与工作矛盾的制胜法宝。在工作过程中，问题是不可避免的，沟通时一定不能夹带个人情绪，任何时候都要就事论事，而不是刻意批评别人。否则，你的出发点再正确，也会让自己在领导面前失分，给人留下爱嚼舌根、打小报告的不良印象，得不偿失。

牢记，言多必失，管住自己的嘴，不轻易评价同事。

汇报工作时用数据和结果说话

任何工作都可量化，无论公司有着怎样的薪酬制度，每个岗位都有一套量化的考核标准，有些考核很明确，有些相对模糊，但最终的考核都要用数据和结果说话。

所以，你在和领导对话的时候，不能总说“我觉得”“我认为”，而应该说“这个数据告诉我们”或者是“经过对用户调研后得出结论……”。这样，领导才会觉得你的汇报是经过了充分思考、深入调研的，而不是临时起意拍脑袋。他会认为你是一个成熟的职场人。

汇报工作时提供多个问题解决方案

大家知道老板最害怕面对哪一类员工吗？不是懒惰疏于工作的，也不是与同事关系不佳的，而是身体勤奋但思想懈怠的人，看起来每天加班到很晚，工作却没有实际进展和绩效，每次汇报工作都会扔出一大堆问题，搞得领导头疼。领导心里会想，难不成我给你发工资，还要帮你解决问题？

公司不是慈善机构，也不是职业学校。领导需要的是答案，而不是问题。对公司来说，你存在的意义就是为公司创造价值、帮助公司解决问题。所以，你最好在提出问题的同时，给出几种建议或方案，并列出每种方案的优劣势以及自己认为合理的建议和相应的理由，让领导挑选他认为最合适的，这才叫真正的“提案”，而不是在“甩锅”。方案不完美没关系，至少你态度认真，这点就值得肯定。

汇报工作时逻辑清晰

为什么每次你跟领导汇报时，都有一种“言语不能表达思想的百分之一”的痛感呢？归根结底可能是因为，你说话的时候常常因果倒置、条理混乱、前后矛盾、缺乏重点。

领导的时间都很宝贵，他们没有时间和耐心听你长篇大论。所以跟领导对话前，你都要提前想好谈话的目的，列出核心的要点，并将重要的事情放在最前面说。如果连你自己都没有想清楚的事情，就不要急着去找领导谈了，因为到时候你可能会越说越乱，越说领导越没耐心听。

我就曾看到过某个员工汇报工作时，他的领导至少五次打断他说："说重点！请说重点！"不是因为领导没有耐性，而是这个员工说话实在让人太着急！

逻辑思维能力并非天生，我们可以通过后天培养加以训练，而且任何时候开始都为时不晚。

教大家一招：每次与领导沟通之前，先在心里写一篇草稿，列出几个重点。说话时，把"第一，第二，第三"说出来，或是用"首先，其次，再次，最后"来表达，结尾时不要忘记强调总结。慢慢地，你的说话逻辑会越来越清晰。

跟大家分享一套与领导沟通时最为稳妥的说话模板。

开场

第一部分：提出时间——"我可能会占用您几分钟时间。"

提出时间就好像预约，让领导心里有数。

第二部分：提出事件——"我想跟您汇报××事。"

提出事件可以抓住领导的关注度，让他聚焦在你接下来要表述的事情上。

中间

第一部分：列出一、二、三。

表达时条理清晰，拿出数据，有理有据。

第二部分：列出重点。

你认为目前最重要的问题是什么，同时配套给出N个解决方案。

结尾

第一部分：自谦

以上是我一点不成熟的想法，供您参考。

第二部分：启发

那您觉得还需要我做点什么吗？

如果每个人都能学会这些技巧和方法，再加上清晰的口语和专业态度，相信你的领导一定会对你刮目相看的。

♫ 好声音练习室

练习课1　稳定情绪

紧张、害怕、焦虑、担心这些负面情绪在生活中很常见，当负面情绪来袭时，我们要学会的，就是如何将情绪稳定下来。接下来，跟大家分享两个控制情绪的小练习：

练习一：呼吸控制

当你的情绪很激动，并且伴随很多负面因素时，你可以闻花香，这其实是常见的深呼吸练习。多呼吸几次，再来思考、决定自己接下来的计划。

练习二：意识控制

在心里不断重复地对自己说："放轻松，一切都会好起来的！"就好像体内有一个无限循环的答录机，可以配合闻花香交替练习。如果情绪依然没有得到缓解，就多重复几次。

有时候，内心强大的人并不是天生就如此强大，而是经过了一次又一次坏情绪的淬炼，方能逐渐掌握情绪的把控力。

练习课2　放松身体

在这个练习中，我们需要用到人类最原始的一种姿势，它能够让我们获得最基础的心理安全。

找一个温暖舒服的地方躺下来，身体侧卧，然后用双臂紧紧抱住自己，让身体尽可能地蜷缩在一起，就好像重新回到了妈妈的肚子里。接着在心里默默从一数到十，慢慢放松自己的身体。

如果没有可以躺的地方，你也可以在椅子上完成整个练习，坐在椅子上，用双臂抱住膝盖，把身体蜷缩成一团，从一数到十，最后放松。

工作一天后疲惫的你，给自己的身体放个假吧！

PART
- 2 -

有情商的说话之道

怎样道歉最能打动人

道歉的正确姿势分四个步骤，第一步：明确道歉目的，和对方产生共情，站在对方的立场去感受他的痛苦和愤怒；第二步：必要时适当夸大自己的错误，不要担心自己的错误会给对方留下负面印象，也不要担心对方就此抓住自己的错误不放；第三步：重新制定关系原则或进行补偿，让关系重新进入有序良性发展；第四步：尽全力道歉，不奢求结果，对于道歉的结果，你掌控不了，你能控制的只有你自己。

正确道歉的语言模板：直接道歉 + 阐述错误 + 正视伤害 + 进行保证与补偿。

说到道歉，我第一个想到的是娱乐圈高情商代表黄渤。

2018年的北京国际电影节闭幕式上，黄渤错把佟丽娅念成“佟娅丽”，但是他以超快的反应圆场：“上台前还开玩笑，别像上次一样再说错了，果然又说错了。”事后，黄渤又迅速地在微博上诚恳地向佟丽娅道歉：“这事得多少顿饭才能摆平？”得到了佟丽娅的积极回应。

一次大尴尬，黄渤的道歉不但迅速圆了场，还成功地逗笑了大家。这堪称“教科书级别”的道歉了。

为什么有些人不能好好地道歉

说话从来都是一门艺术，道歉更是如此。但并不是人人都懂道歉、会道歉。有一次，我在公司里看到了这样一幕：姑娘小田在吃泡面，小李从她身边经过时不小心把泡面打翻了，汤汤水水洒了小田一身。小李一边收拾一边道歉，可是他说出的话却让小田更生气了："不好意思，是我不小心，真对不起，但是你干吗在这里吃泡面啊？多容易洒啊。"小田一听立刻反驳："公司又没规定不能在这儿吃泡面！"小李接着说："好了好了，是我的错，可是现在也弄了我一手方便面汤啊，所以咱俩算扯平了吧？"小田狠狠地擦着裙子，感觉都快哭了，气愤地说："你这人怎么这样，不跟你说了！"小李还不以为然地继续说："哎呀，我都道歉啦！您大人不记小人过吧，又不是多大的事儿。女人就是心眼儿小！"

不得不说，这位小李同志简直就是低情商中的"战斗机"！他看起来是道歉了，但事实上这并不是道歉，而是披着道歉的外衣在为自己辩解，甚至指责对方。

生活中这种错误的道歉方式很常见，最直接的结果就是，矛盾升级，关系无法挽回。

为什么有些人不能好好地道歉呢？原因有很多：

一是受"面子文化"的影响。别人的能力高于自己，或者自己做错了事情，觉得很没面子，也不愿意张口承认错误，久而久之就形成了"面子文化"。对很多人来说，最不能接受的就是失去"面子"，有的人甚至夸张到命可以丢，但面子不行！所以，道歉的第一步，我想应该从放下咱们的"面子文化"开始。

二是思维习惯问题。西方文化讲究感恩和忏悔，所以对西方人来说，道歉习以为常。但是东方文化讲究的是宽容，而不是原谅。假如你被人冒犯了，一味地要求对方道歉，就很容易给人留下不好相处、不够大度的印象。与犯错的那一方相比，受害方的不宽容反而是更大的错误，甚至还有人会说“得饶人处且饶人”“退一步海阔天空”“做人嘛，你一认真就输了”这种和稀泥的话，给被伤害一方施以心理压力。

三是缺乏边界感。东方文化有一种“你中有我，我中有你”的人际关系模式，家庭界限模糊，你我不分。越亲密就越不会说感谢和道歉的话，觉得和亲密的人表达这些反而显得生分。

最后一个原因，和内在心理有关。美国心理学家大卫·霍金斯提出了“能量层级”的概念，他认为，内疚感和羞愧感是能量级最低的情绪感觉，这意味着这两种情绪是我们最不愿意面对的，比其他任何负面情绪都让人难受，一遇到就只想马上逃开。所以，我们做错事时的第一反应就是启动心理防御机制，马上屏蔽这两种感觉，这就导致明知有错但就是不承认，还会为自己找尽理由拼命逃避，因为内疚的感受太糟糕了。

可是，如果你想成为一个更好的人，就要勇于承认错误，这才是成熟的表现，也是赢得尊重与信任的开始。所以，学会道歉也是成长的必修课。

道歉时，不能只说“对不起”

一个好的道歉不仅能够及时化解矛盾防止关系进一步恶化，还可以挽回一些已经造成的伤害；但是，一个坏的道歉，无疑会火上浇油，让矛盾升级。

我们必须承认，谁都会犯错。当你的错误影响到了别人的时候，该如何道歉和挽回伤害，是需要方法的。

只说“对不起”，别说“但是”

小李的道歉方式，看起来是道歉了，实际上却一直在给自己找借口或推脱的理由，不仅听起来毫无诚意，还一直在给自己找借口，试图抹去自己的错误，这样肯定会让对方更加愤怒，因为他的潜台词是“因为你小田吃泡面没选对地方，所以造成了我的这次错误”。这就好比你踩了对方一脚，却责怪对方脚放错了地方。这样的道歉没有一点点歉意，即使你前面的道歉再真诚，效果也归于零。

不要刻意强调自己的委屈

小李对小田说：“可是现在也弄了我一手方便面汤啊，所以咱俩算扯平了吧？”这是非常自私的表达，对方的损失才应该被第一时间关注，而不是先关心自己。对方的委屈和愤怒还未发泄释放出来，做错事的一方反而先行一步，对方会接受你的道歉吗？答案，我想大家都懂的。

不要催促对方原谅自己

就像小李说的，“我都道歉啦，您大人不记小人过吧”。他认为事情并不大，而且表示了歉意，所以小田就应该立刻原谅他，好像不原谅就是她的错。

但这是道歉的事儿吗？不是。因为小李压根儿就不认为自己错了，却还催促对方原谅自己，他这其实是一种逃避自我内疚感的幼稚做法，就像做错事的小孩子仰着脸就是不承认错误，却要求对方原谅。

道歉后及时安抚对方情绪

我们偶尔会看到一些吵架的情侣，女孩子还在气头上，男孩子说完“对不起”就开始自顾自地玩手机，好像对方生气跟自己没关系似的。于是经常听到男孩子说：“我都说过‘对不起’啦，她还在那儿生气，那我能怎么办呢？”可是，你的“对不起”只是一声敷衍应付、息事宁人的“对不起”，是道歉的模式化程序，丝毫没有诚意，又怎能真正打动人呢？

真正的道歉是要马上关注对方的情绪，理解对方因为你的错误而造成的心理伤害，并且陪着对方去消化，这才算真诚的道歉。

针对错误进行解释说明

道歉时，不能只说“对不起”！有些人道歉只说三个字——“对不起”或“我错了”，然后就没有然后了。这样的道歉给人的感觉是，你是为了道歉而道歉，纯粹敷衍。

道歉最重要的是，你真正知道自己错在哪里了。当对方追问你“你错在哪里了”时，你可以对自己的错误进行分析和说明，这样可以帮助对方还原当时的情境，让对方多一点理解，这才是道歉的正确表达方式。

最真诚的道歉也是最有效的道歉

认识到自己的错误后，还需要聪明地道歉。怎样的道歉才容易让人接受呢？

美国前总统罗斯福的做法就值得我们学习。1912年美国总统初选时，罗斯福在新泽西州向一群态度不怎么友好的农民发表演讲。在这个过程中，他说起了一些新政策的好处。这时，群众里立刻出现了反对声音：“上校先生，五年前你可不是这样说的啊！”

罗斯福的回答睿智而又真诚。他说：“是的，朋友，因为那时的我学识不够，我错了。现在我进步了。”他并没有为自己辩解，或者说一些无意义的空话，而是以智慧的方式表达了一个人勇敢直率的态度，承认自己从前学识不够，但也不否认现在的进步。这样的道歉真是非常讨喜！

具体怎么做呢？我认为，道歉的正确方式分四个步骤，分享给大家。

第一步：明确道歉目的

向对方表达歉意，首先就要清楚自己为了什么道歉。道歉的目的不只是请求原谅，有些人是为了给自己找个台阶，或者尽快把尴尬的僵局对付过去，还有些人是为了自身的利益。但我想说的是，道歉的目的，不应该是为了从对方那里获得什么，而是需要和对方产生共情，站在对方的立场去感受他的痛苦和愤怒。所以，最真诚的道歉也是最有效的，其他动机不纯的道歉常常会聪明反被聪明误。

第二步：必要时适当夸大自己的错误

说“对不起”要直截了当，不要隐晦地兜圈子，不要担心自己的错误会给对方留下负面印象，也不要担心对方就此抓住自己的错误不放。既然决定认错，就要放下所有面子和顾忌，真诚地道歉，将错误事件一五一十说清楚，你甚至可以为了照顾对方的感受而刻意夸大自己的过错，以及给对方造成的损失和伤害。这其实是一个平衡心理的过程，因为被伤害的一方会因为情绪失控而导致心理失衡，你这样做可以让对方心里好过一点。而你勇于承担责任的表现，更容易获得对方的原谅和信赖。

第三步：重新制定关系原则或进行补偿

关系不错的两个人闹矛盾，这其实是让关系重新进入有序良性发展的一个契机，你犯的错对你们的关系也是一种考验。每次道完歉之后，为了表示更深的诚意，你可以在反思自己的同时，重新给你们的关系“约法三章”，比如，什么事绝不能再做、什么话绝不能再说，并且制定惩罚措施。你也可以让对方提出要求，你来进行补偿，这样一来，对方就会和你一起对你们未来的关系进行深入思考，这对关系的挽回非常有帮助。

第四步：尽全力道歉，不奢求结果

错了就是错了，对方有权利立刻原谅你，也有权利暂时不原谅你，当然，他还可以选择永远不原谅。对于道歉的结果，你是掌控不了的，你能控制的只有你自己。

打翻泡面就有可能老死不相往来吗？当然有可能。因为你的道歉是否会获得积极的回应，取决于你犯错的严重程度，对方被伤害的程度、消化情绪的速度，以及对你的认知是否改变。每个人对事情的认知和感受各不相同。如果你真的在意对方、想获得对方的原谅，那就要学会尊重对方的感受，而不是一味强求对方的原谅。所以，你能做的就是，继续寻找机会弥补伤害，然后默默等待，顺其自然。

跟大家分享一个正确道歉的语言模板：直接道歉 + 阐述错误 + 正视伤害 + 进行保证与补偿。

我们还是以小田姑娘和小李的事情来举例。事情发生后，小李如果这样说：“哎呀，小田，真对不起，我真是毛手毛脚不当心，把你的泡面打翻了，我这个人有时候就是太冒失了！不好意思，把你的新外套都弄脏了，我向你认错，我以后走路一定当心。你是不是还没吃午饭？你看这样好吗？咱们下楼，我请你吃饭，或者我帮你叫份外卖？你这件衣服的干洗费你看多少钱，我来出吧。”

这样的道歉是不是很能打动人？相信我，只要你的心是诚的、话是真的，道歉就是灵的。发自肺腑的诚恳道歉，会解决一切问题！

♫ 好声音练习室

练习课1　调整呼吸

正确呼吸是最好的养生之道。身体不好的人，气息往往又浅又急，呼吸时胸口不停起伏，声音也细小喑哑。如果你属于这种情况，那么可以通过动作练习来调整自己的呼吸。

第一步，把身体放平躺下，采取仰卧姿势；

第二步，吸气，然后抬起右腿；

第三步，呼气，放下右腿；

第四步，吸气，抬起左腿；

第五步，呼气，放下左腿。

然后重复这套动作，按照身体运动的节奏来调整呼吸。

练习课2　说“对不起”的层次感

说“对不起”需要三个层次感，如果平时不注意，很可能会在沟通时诱发误解与矛盾，让彼此的关系更加恶化。

第一个层次：“不好意思。”

在当下社会中，经常会听到有人说“不好意思”，这四个字有点类似外国人的“Excuse me”，等同于“借过、见谅、麻烦你了”。

“不好意思”其实就代表着一句浅浅的“对不起”，一般是在你给对方带来的麻烦很小的时候用，比如问路、借小物件、不小心碰到别人。

第二个层次：“对不起”+“你现在还好吗？”

“不好意思”有时候听起来就是不痛不痒的一句话，更多的时候，你需要真心跟对方说一句“对不起”，同时要关心对方此时的感受，多问一句：“你现在还好吗？”

第三个层次：“真的非常抱歉”+“我错了”+“我该怎么补偿你呢？”

有些道歉必须要郑重其事才能起到作用，比如当你带给对方的伤害和痛苦无比沉重，需要漫长时光才能恢复时，你首先要认真地说一句：“我感到非常抱歉！”接下来，你要坦承自己的错误，并想尽一切办法弥补对方。虽然很有可能任何弥补都无力回天，造成的伤害也不可逆转，但依然要郑重道歉。

你以为的鼓励其实并不是鼓励

“加油，你是最棒的！”“我相信你！你能行！”这些话听上去很“鼓励”，但从心理学来看，这其实并不是鼓励，而是对成功结果的期待。正确的鼓励方式，要么是通过改变思维，要么是通过改变行为。

思维改变

第一步：主动寻找对方真正需要鼓励的地方提升；

第二步：帮助对方面对真实的内在恐惧；

第三步：和对方一起建立勇气。

行为改变

第一步：根据当下现状，和对方一起制定目标；

第二步：完成目标后要立刻给予反馈和嘉奖；

第三步：帮助对方感受过程的意义。

许多年前，一个青年在一家店铺里做事，他每天早晨五点就要起来打扫店铺卫生，每天都要持续做十四个小时的苦力，一整天下来，筋疲力尽。就这样过了两年，年轻人再也无法忍受这样的生活。某天早晨，他一口气跑了十公里去找他的妈妈，发疯一般哭着求他的妈妈，他再也不想回到那里工作了，否则，他宁愿自杀。与此同时，他还写了一封诉苦的长信寄给他以前的校长，说他的心已碎了，他已经没有活下去的意志了。

校长回信说："像你这样资质出色的年轻人，确实应该找一份更适合的工作。"于是，校长给年轻人安排了一个教员的职位，并且鼓励他能做得很好。

校长真诚的鼓励从此改变了年轻人的命运，重塑了他的人生。在英国文学史上，这个年轻人刻下了自己的名字。因为，在后来的人生中，他一共撰写了七十七本书，他手中的那支笔为他带来不菲的收入的同时，还为世界留下了不少经典之作。他就是英国著名文学家、史学家韦尔斯。

这个故事告诉我们鼓励的重要性。可是，鼓励是有技巧的，并不是人人都掌握了其中的诀窍。鼓励不得法，有时候还真不如沉默是金。

"你真聪明""你真能干"其实并不是鼓励

生活中，很多人都有这样的疑惑——我该给的鼓励都给了，为什么就是没用呢？为什么我越是鼓励，对方越是泄气呢？

原因之一：鼓励时没有"对症下药"

我再跟大家分享一个故事。许多年前，德国有位年轻人，他渴望成为一名教授。可是他所有的努力都毫无回报，生活也在处处与他作对——父亲因抢劫入狱，他饱尝饥饿的滋味。为了活下去，他找到了一份工作，在一间老鼠满地跑的货仓里给墨水瓶贴签条。到了晚上，他就跟另外两个来自斯图加特的流浪小孩住在楼顶的暗房里。他很喜欢写作，可是对自己没有信心，他不敢让周围的人看到他的文字，只敢在晚上悄悄把稿子投进邮筒。一开始，他寄出的那些稿子接连被退回。他等啊等，终于有一天，他的一篇稿子被选中了。虽然没有稿费，但是编辑肯定了他的作品，认为他在文字方面有着极高的天赋。若不是这次鼓励，这个年轻人可能一辈子都过得穷困潦倒，但鼓励改变了他的一生。这个年轻人名叫海因里希·海涅，后来成为享誉世界的大文学家。

但是大家想一想，如果这个年轻人获得的鼓励来自他的老板或工友，夸他贴墨水瓶很认真，那么又会给他带来什么呢?

由此可知，鼓励如果没有“对症下药”，那么作用微乎其微。

原因之二：鼓励不是赞美

很多人以为赞美就是鼓励，鼓励就是赞美，其实不然。鼓励和赞美是不同的，赞美的关注点在于肯定，比如“你真聪明”“你真能干”“你真漂亮”“你人缘真好”。而鼓励的关注点则是过程，一件事情完成之前，尤其在过程中遇到困难的时候，才是最需要鼓励的。所以，赞美会给人带来优越感，而鼓励带来的是认可感。

美国斯坦福大学著名的发展心理学家卡罗尔·德韦克做过一个享誉世界的心理学实验，证明鼓励和赞美对人的心理影响不同。研究人员对纽约二十所学校约四百位学生进行了长期研究，学生们需要独立完成一系列智力拼图任务。在试验中，研究人员随机将学生分成两组，在第一轮测试时，一组可以获得表扬，比如“你在拼图方面很有天分，你很聪明”；另一组得到的则是鼓励，比如“你非常努力，继续加油”。

进行第二轮测试时，研究人员发现，第一轮中被鼓励的学生这一次有90%选择了难度较大的任务。而那些被表扬的学生则大部分选择了简单的任务。由此可见，很多自以为聪明的学生不喜欢面对挑战。

为什么会这样呢？德韦克在研究报告中写道："我们称赞学生聪明，等于是在告诉他们，为了保持聪明，不要去做可能犯错的事情。"所以，一些学生为了保持看起来聪明，由此避开了出丑的风险。而常夸孩子"努力"会引导孩子把成就归结于自己的辛勤付出，让孩子变得更有毅力。

最后的第三轮测试没有给学生选择的权利，全部是高难度的挑战。学生们虽然都失败了，但是被鼓励的学生认为失败的原因是他们不够努力。德韦克回忆："这些学生在测试中非常投入，努力尝试各种方法解决难题，好几个学生都告诉我这是他们最喜欢的测验。"而那些被表扬的学生在测试过程中一直很紧张，抓耳挠腮，做不出题就会觉得沮丧。挑战失败也认为是自己不够聪明。

这个实验证明了，鼓励和赞美对人的心理影响不同。从长期效果来看，鼓励会让人变得自信自立，而赞美会让人依赖于他人的评价而生活。所以，鼓励没有效果，有可能是你误用了赞美之词。

原因之三：鼓励的话千篇一律

鼓励是一种与人的沟通方式，是有技巧、有艺术的。但是，说到鼓励的话，你能想到什么？"加油，你是最棒的！""我相信你！你能行！"鼓励他人的时候，我们总是翻来覆去、千篇一律的老一套，很容易让人产生"鼓励疲劳"，鼓励当然也就无效了。

而且，这些话听上去似乎很"鼓励"，但从心理学来看，这其实并不是鼓励。"加油，你是最棒的"，这背后是对成功结果的期待，而不是对他能力的鼓励。

思维模式不变，鼓励效果可能微乎其微

心理学领域有一个奇妙的效应叫“霍桑效应”，指的是当人们意识到自己正在被关注的时候，会刻意去改变自身的行为或者是语言。这个效应告诉我们：人在被关注时，学习效率和行为能力会忽然提高。如果我们想获得持续的、更多的关注，就会有意识地在生活和学习中继续注意自己的言行，以证明自己是优秀的。

这正是鼓励对人发生作用的心理机制。

那什么才是鼓励的正确打开方式呢？我认为，就是让对方清楚地感觉到你正在关注他，你是真的看重他，对你来说，他和别人有所不同。这样，你的鼓励才能真正起到作用。

正确的鼓励，真的可以改变、造就一个人。而人的改变又分为思维改变和行为改变。那怎样的鼓励能让人的思维发生改变呢？

思维改变第一步：主动寻找对方真正需要鼓励的地方提升

鼓励是一个过程，需要在恰当的需求上下功夫。对方不需要，你再用力也无济于事。举个简单的例子，一位美女深夜发朋友圈，诉说最近工作的疲惫，同时配了一张自拍照。这个时候，如果你过于耿直按照字面上的意思理解，大加赞赏她的工作能力，那么她可能没什么兴趣跟你探讨工作。

如果你注意到她发布的时间点和自拍，就会明白她真正想表达的是孤独，内心渴望被关注，她需要别人看到的是她美丽的自拍照。所以，如果你的鼓励是“明明可以靠颜值，却还这么努力，真佩服你呢！像你这么又美又拼的女孩儿，身边一定不乏追求者”，这时候，她可能就会跟你聊一聊因为自己过于投入工作，结果到现在还单身的惆怅了，这才叫会聊天。

思维改变第二步：帮助对方面对真实的内在恐惧

美国前总统罗斯福说过：“真正的恐惧是恐惧本身。”很多人之所以动力不足、感到焦虑、灰心泄气，其根本原因是被自己内在的恐惧吓住了。所以，当一个人因为害怕失败而不敢接受挑战时，你首先要理解他的恐惧，帮助他突破恐惧的情绪，再给予他适当的鼓励和信心，而不是泛泛而空洞的一句盲目鼓励：“这有什么好怕的！加油！”这样，他不但不会觉得自己被鼓励到，反而会认为你只是很敷衍地给他打了一针鸡血。

2020年初新冠肺炎正大流行时，我闺蜜的女儿突然发烧，闺蜜非常害怕焦虑，不知如何是好。这时候如果我对她说：“你们都在家里待着，又没接触从疫区来的人，有什么好怕的！你是妈妈，你要加油哦！”很显然，这样的鼓励缺乏同理心，只会让她更焦虑。当时，我这样安慰她说：“我知道你害怕女儿被感染，那你仔细想想，你们最近有接触外人吗？有感染途径吗？孩子可能只是普通的着凉感冒，如果你实在担心就继续观察她的食欲和呼吸状况，再根据症状来判断。孩子发烧感冒是常事，别太担心了！”

思维改变第三步：和对方一起建立勇气

美国心理学家霍金斯创造的心理能量层级图谱，传达了一个很重要的心理学秘密——正能量和负能量相互转换的金钥匙是——勇气。拥有勇气之前，人们的心理能量中负面情绪占大部分，只有获得了勇气，人们的情绪才会逐渐好转，才会迎来爱、信心、平静、喜悦等正面情绪。

继续用闺蜜女儿发烧的事情来举例。鼓励闺蜜之后，我接着说：“你还记不记得有一次，你的女儿得急性阑尾炎，吐得一塌糊涂，因为你老公出差，你只能一个人半夜打车去医院挂急诊，然后又陪着她做了手术。所以你是个能扛事儿的人，要相信自己，你能做好！”

这样一说，闺蜜逐渐燃起了信心和勇气，遇事淡定冷静了，孩子在她的细心照顾下，很快就活蹦乱跳了。

鼓励就是让对方感觉到自己被理解、被看见、被认同

鼓励的方式，要么是通过改变思维，要么是通过改变行为。那我们要怎样通过行为来进行鼓励呢?

行为改变第一步：根据现状，和对方一起制定目标

如果思想始终停留在“想”的层面，那么任何事都会变得拖沓，人也会逐渐丧失动力，所以激发当事人的行动力，也是对他有效的鼓励！我曾经说过，一个人的内在自信是通过目标感和成就感形成的。所以，及时帮助当事人制定切实可行的目标，也会在很大程度上消解他的负面情绪，让他愿意拿出勇气试一试。如果对方真的开始动起来了，就说明你的鼓励起作用了！

行为改变第二步：完成目标后要立刻给予反馈和嘉奖

对方有了目标，必然希望因此获得成就，这样一来，他们的信心才能一点点回来。所以，在对方达成目标之后，你要马上给予肯定，甚至是嘉奖，哪怕只是一句话“你可以嘛！很不错”，都会让对方得到莫大的鼓舞，成就感十足！

行为改变第三步：帮助对方感受过程的意义

不是每一次努力都会获得回报的，有时候，我们给对方再多

的鼓励，也无法代替他去面对生活里的困难，但是，我们可以帮助对方感受过程带来的意义，由此降低结果给对方带来的焦虑，从而使他得到鼓励。比如说，你可以这样说："这件事你尽全力了就好，经历了整个过程，你的能力已经得到了极大的提升！"或者："不论结果如何，只要你努力了，你都应该感谢自己，对自己说一声：你真棒！"

简单来说，正确的鼓励方法就是，让对方感觉到他正在被理解、被看见、被支持、被认同。

跟大家分享几种鼓励的常用句式。

一、降低难度式：这个困难和你曾经经历的比起来根本不算什么，所以根本不是问题！

二、提高价值感式：你本就是一个很优秀、很厉害的人，这点困难对你来说很容易化解！

三、积极回忆式：你还记得上次你是如何力挽狂澜的吧，所以这次你也一定可以！

四、寻找意义式：这件事情对你来说是一件很有意义的事，虽然困难重重，但是你能从中收获很多。

五、展望未来式：等到困难过去，等待我们的就是更好的明天。

六、相信式：我相信你一定可以做到，你一定也要相信自己可以！

记住这六个鼓励句式，然后灵活运用到各个场合，相信你的鼓励也能带给他人价值感和能力感，让对方觉得他在你面前可以成为更好的人！

♫ 好声音练习室

练习课1　让说话声音更大气

有些人只要开口说话，就会给人一种小家子气的感觉，其主要问题是口腔内部没有充分打开，注意，是口腔内部，不是指要张大嘴巴的意思。

在这里，我告诉大家如何通过“挺软腭练习”来打开内部口腔，让吐字发声更加大气。

首先，用舌头寻找软腭：用舌尖摸索到上牙齿，然后向后探索，如果感受到硬硬的感觉，那就是硬腭，接着舌尖再继续向后，会觉得越来越软，那里就是软腭了。接下来，进入正式练习。

第一步，半打哈欠。微微张开嘴巴，把软腭挺起来，找到那种好像只打了半个哈欠的感觉，保持这个动作不变。

第二步，发“爱”这个音，注意，这个音由两个音节组成，“ɑ”和“i”，所以在发音的时候，要把这两个音节的动程都表现出来：ɑi —— ɑi —— ɑi。

接下来，我们通过朗读古诗来训练声音，感受诗意之美的同时，让语速慢下来，读完之后口腔会有一种温润之感。

山居秋暝

王维

空山新雨后，天气晚来秋。
明月松间照，清泉石上流。
竹喧归浣女，莲动下渔舟。
随意春芳歇，王孙自可留。

练习课2　赋能冥想

把一首舒缓动听的音乐当作背景，然后找一个舒服的姿势躺下，轻轻闭上眼睛。逐步放松你的眼皮、脸颊、下巴、脖子、肩膀、手臂、腹部、腰部、胯部、大腿、小腿、双脚。全部放松后，想象你面前有一面很大很亮的镜子，能照见你的整个身体。然后凑近一点仔细看镜子里的自己，你的眼睛、鼻子、眉毛、嘴巴……不要不敢直视自己，要学会欣赏、接纳并爱上自己。接着再以更真实的态度看看自己，你会发现自己其实还不错。

接着你的周围升起了雾气，又湿又暖，雾气逐渐包裹住你，这时候再看看镜子里的自己，似乎越来越好看，但也越来越模糊了。很快你就被雾气淹没，潮湿的感觉贴着你的脸颊、你的身体，忽然有个声音在心里对你说“你很好，我喜欢你”。

生活虽忙碌，但不要忘了给自己补充能量。

“情感共振”式安慰才能疗愈人心

真正的安慰，必须建立在共情的前提下，理解对方的痛苦和悲伤，然后用真诚、柔软以及耐心接纳他，陪伴他，温暖他。具体怎么做呢？陪他“看见自己”：“我接纳你”+“我陪着你”；陪他“看见天地”：“你还有……”；陪他“看见众生”：“我们一起做点什么吧。”

什么是“情感共振”式安慰？

我先跟大家分享一个故事：很久以前，一个老爷爷失去了挚爱的妻子，他每天都闷在屋里伤心难过，善良的邻居想了各种方法也没能让他心情好起来。忽然有一天，一个四岁的小男孩在老爷爷的屋里待了很久，然后奇迹般地，老爷爷和小男孩一起走出了房间，开始和邻居们交谈。

所有人都很好奇，问小男孩：“你说了什么安慰爷爷的话吗？”小男孩说：“我什么也没说，我只是钻到爷爷怀里，和他一起哭。”

不得不说，这个小男孩太治愈了，他安慰老爷爷的方式就是典型的“情感共振”式安慰。

为什么你的安慰让对方反而更悲伤了

关于安慰，“多喝热水”是被吐槽得最多的一句话。在生活中，“我明明安慰了对方，为什么他反而更悲伤了”的疑惑也不在少数。为什么你的本意是想安慰他人，效果却适得其反呢？问题的关键在于你没有采取正确的安慰方式。有时候，不应景、不合时宜的安慰，反而是火上浇油。

那生活中有哪些行为不但达不到安慰别人的效果，反而还会给对方带来伤害呢？

一、否定式安慰

何谓否定式安慰？比如说：“你想得太多了。”“这有什么大不了的！”“你要坚强一点，振作起来！”“为这样的人/事难过，真不值得！”“别想了，想也没有用！”……这些话看似是鼓励，带给对方的其实是一种被否定的感觉——否定的并不是对方这个人，而是他的负面情绪。如此安慰法，只会让对方觉得一切都是自己的问题，是自己搞砸了一切而更加自卑。

遗憾的是，这种安慰方式在生活中最为常见，因为大多数人在面对他人的负面情绪时，会有抵触心理，会产生焦虑，尤其是在对方难过自己却无能为力时，会更想把这种无力感推出去，把一切交给对方去承受，而否定情绪是一种最简单的做法。所以，否定式安慰的本质是否定对方的感受，同时传递了另一层意思——“你别再说下去了”，这其实是在逃避。这样的安慰对当事人来说，无疑是雪上加霜，加倍受伤。

二、说教式安慰

“这不能全怪你，但如果我是你，我可能不会这么做”“我告诉你，这件事不是你想的那样”等，这些都属于说教式安慰。这种安慰最大的特点是将自己化身为思想委员或教导主任，只想表达自己的想法和观点，全然不把对方的感受当回事。

这种情况大多发生在男生安慰女生的时候，女生受了委屈想从另一半那里获得安慰，结果却越听越生气。为什么？因为很多时候男生只专注于和女生摆事实讲道理，以为这就是安慰。其实，女生向你倾诉的那一刻，她需要的并不是你的建议或者解决方案，而是你的共情，是你的理解、认同和接纳。作为男生，你需要看到她的愤怒和难过，并针对她的情绪给予回应，而不是滔滔不绝地表现自己有多英明。

三、同情式安慰

同情不等于共情。《欢乐颂》里的一个细节就能充分说明同情和共情的不同。邱莹莹失恋了，曲筱绡说：“你真倒霉，又被男人甩了，不过这样的渣男不要也罢。”这种安慰最多算是同情，所以，邱莹莹听完之后哭得更厉害了。而关关是怎么安慰的呢？她说：“没关系，你哭吧，我在你身边。”这就是共情。

共情指的是能设身处地体验他人的处境，对他人的情绪情感具备感受力和理解力。而同情是一种上对下的不平等情感，会让对方觉得矮你一截。

大家不妨试想一下，对方心情很差的时候，如果你说“天哪，那你也太倒霉了吧”或者“那你太惨了，我好同情你”这种貌似善良的话，是不是又往对方的心口插了一刀？没有人希望自己被同情，因为那意味着“自己的境遇比他还糟糕”，谁愿意当那个糟糕的倒霉蛋呢？

四、鸡汤式安慰

"心灵鸡汤"听起来美好，其实不痛不痒毫无用处。所以，"想开点，一切都会好起来的""当初我比你更惨，后来我也熬过来了""我能理解你"这类所谓的"安慰"，都会让当事人产生"你不是我，你怎知我的苦"的委屈感。对方的情绪还未得到合理宣泄，就被你的"鸡汤式安慰"再次堵住。也许你的初心是不想对方难过，但你这样做就像一个还没完全搞明白患者病症就开方抓药的糊涂大夫，虽是好心，可是你的真诚，对方真的感受不到。

如何让对方快速拥有"心理恢复力"

美国心理学家弗雷达·弗兰德曼博士在《与内心的小孩对话：如何治愈你的童年创伤》一书中提到了一个心理学名词，叫"恢复力"，指一个人从痛苦崩溃无序的心境中快速恢复到日常心态的能力。我认为，真正的安慰和疗愈，不是否认糟糕的现实和负面的情绪，帮助当事人逃避现实、逃避焦虑，而是帮助当事人更好地面对现实、接纳情绪，并快速拥有"心理恢复力"。

如何拥有呢？

第一步：看见自己，哀悼和告别

生活中，很多仪式其实都起到了关照内心情绪的作用，比如葬礼。没有人喜欢葬礼，但是悲痛的氛围对我们内心情绪的发泄却起着极大的作用。我们需要用眼泪进行哀悼，承认情绪、看到情绪、陪伴情绪，从而完成一场有意义的追思和告别。

所以，安慰他人的第一步就是，内心完全地接纳对方的负面情绪，陪他一起伤心难过，甚至陪他崩溃，先把自己的主观思维放在一边，不要为此焦虑，也不用担心对方会一蹶不振。你要明白，他当下的一切痛苦不过是在完成一场哀悼和告别。你如果真的爱护他，就不要催促他快点好起来，尽可能给他时间，陪在他身边就好。

第二步：看见天地，寻找积极的能量

事件本身不会把一个崩溃的人带入绝境，让人绝望的是，事情发生之后，当事人认为自己没有了任何可以使用的积极能量。比如，一个人被心爱的人抛弃，同时又失去了对人的基本信任；一个人因为失去父母，自己的经济来源随之中断；一个人失去工作的同时，健康也没有了……只有积极能量耗尽时，他才会觉得一切都无法好起来了。

这个时候怎么做呢？你可以帮助对方厘清思路，让他们看到还有很多能量围绕在身边，告诉他们，世间还有亲人朋友，还有阳光空气和自由的呼吸，以及无数个可以重新来过的机会。

第三步：看见众生，让生活逐渐恢复秩序

2020年，新冠肺炎疫情严重的那段时间，我应多个直播平台的邀请上了很多堂心理疏导课。其间，我多次提到“心理免疫力”这个概念。一个人想要具备心理免疫力，首先要做的就是尽快恢复正常有序的生活，按时作息，合理膳食。身体机能先得到恢复，心态才会逐渐好转。

按时吃饭不熬夜，看起来再普通不过的日常行为，却可以让人的心理获得极大的安慰和疗愈，这也是生活自律与情绪自洽的开始。

所以，好的安慰还要帮助当事人尽快恢复到生活的常态中去，陪他做一些不起眼的日常小事，让他在健康有序的环境中慢慢恢复心理弹性，一点点找到“恢复力”。

真正的安慰，必须在共情的前提下

有一期综艺节目《奇遇人生》给我留下了深刻印象。录制节目的过程中，阿雅突然被告知自己的一个好友因为车祸去世。她听到消息后，很难平复悲伤的情绪，坐在路边崩溃大哭。陈学冬不知道怎么安慰才好，于是蹲在阿雅身边，一直静静地陪着她。事后，阿雅坦言，当时的陈学冬已经给了自己最好的安慰。

什么是最好的安慰？就是理解对方的痛苦和悲伤，然后用真诚、柔软以及耐心接纳他、陪伴他、温暖他，不用太心急。

具体怎么做呢？

陪他“看见自己”：“我接纳你”+“我陪着你”

当对方情绪非常糟糕的时候，你的接纳和陪伴都能起到安慰作用。

这时候，你该怎么安慰对方呢？

“你想哭就哭出来吧。”

“我知道你很难过，发生这样的事我也很难过。”

“再崩溃都没关系，心里难受就别忍着，我陪你一起。”

“亲爱的，我会一直在你身边的。”

语言的中心思想要紧紧围绕“我接纳你”和“我陪着你”这两点，不加其他，那么你的安慰就是有效的。

陪他“看见天地”：“你还有……”

当对方经过第一个阶段之后，你就要开始和他一起挖掘积极的能量，和对方一起梳理他依然拥有的东西，句式围绕“你还有……”展开，比如“你年轻，你还有喜欢的工作，你还有家人朋友，你还有我……”，让对方知道，即使世界在崩塌，也依然会有属于他的安全港湾。

陪他“看见众生”：“我们一起做点什么吧。”

通过日常小事帮助对方恢复正常的生活。你可以跟对方约定好“我们每晚十点互说晚安吧”“明天我们一起吃饭吧”“以后一起跑步”……只要对方愿意去做，无论这件事是多么的日常普通，都说明他其实很想让自己好起来，而你已经唤起了他心理上的求生欲，就快帮他找回“心理恢复力”了。

除了语言，安慰还有多种表达方式，比如拥抱、紧握对方的手、点头回应、用心倾听、眼神肯定等等，你可以用这些身体语言去回应对方。但我想说的是，写得下来的都是技巧，分享不了的是真心。无论你用的是哪种安慰方法，最终都要落到一颗真心上。

♫ 好声音练习室

练习课　情感共振

有的人与对方初次见面，就能给对方一种讲话亲和的好印象，根本原因是他们能够设身处地感悟对方的心境，然后通过情感共振卸下对方的心理防御，让对方的内心得以放松和舒展。

想要拥有情感共振能力，除了需要训练心理层面的“共情”，你还可以通过控制声音和呼吸来进行练习。

声音控制法

练习一：假设你正身处一个非常安静的咖啡馆，那么你与人交谈时声音就不能太大，声音不能太洪亮，但是吐字一定要清晰，发音要更集中，语速不能太快太急，时刻考虑周围的环境因素。

练习二：假设你正身处非常嘈杂的环境中，与人交谈时就要大声说，尽量用短句子。想象自己正在酒吧里，周围音乐很吵，这时候你看到不远处有一个不太熟但是见过一两次面的人，你会怎么去介绍自己呢？

呼吸控制法

练习一：假设你的朋友刚失恋，正趴在床上大声痛哭，而你在开口安慰他之前，需要深呼吸一口气，将呼吸节奏放慢，语调放低，然后再开始说话。

练习二：假设你的朋友经过不懈努力终于考上了研究生，得知成绩的他兴奋地跑过来和你分享这份喜悦。这时候的你可以深呼吸一口气，用较为急促的语调向他道贺，声音可以稍微拔高一些。

无效的批评是伤害，正确的批评是鼓励

有效的批评应该是让对方认识到自己的错，并且拿出勇气面对困难，改正错误。具体怎么做呢？围绕“勇气”和“解决”两个关键词来展开。

聚焦“勇气”，重塑对方勇气的方法有两个：一是先扬后抑法，关键在于维护对方的自尊心；一是先听后批法，关键在于给对方解释的机会。

批评的目的在于解决问题。怎么解决？一是营造“同在感”：“对于这件事，我觉得你有这几个地方做错了。”一是做出“积极假设”：“下一次这样做，会不会更好？”

我在深圳高铁站应邀主持腾讯新闻频道的“温暖回家路”大型公益节目时，屏幕里突然出现了一位妈妈在打自己的孩子，嘴里还高声训斥：“跟你爸一样，蠢货！没出息！我看你这辈子就这副德行了！我倒了八辈子霉养出你这么个没心没肺的玩意儿。等将来你把自己丢了，让你去喂狗！”

由于场面一度很难看，我们只好关掉直播先去劝架。我上前问原因，原来是孩子差点把火车票弄丢了。看起来只有八九岁的孩子垂头丧气，神情绝望而难过，眼泪在眼眶里打转。很明显，

他已经知道错了，可是还要不停地承受妈妈的恶语批评。

作为心理工作者，那一幕让我久久不能忘记。我知道，这个孩子的心理一定受到了严重的伤害。

其实，这种批评在生活中很常见，大人批评小孩，领导批评下属，老师批评学生。糟糕的批评就像龙卷风一样，可以瞬间摧毁人的自尊。要知道，语言有时候真的可以“杀人”。

批评招人反感？因为你的方法错了

没有人喜欢被批评，矛盾的是，我们中的大多数人都喜欢批评别人。可是，为什么你的批评不管用？为什么你的批评别人接受不了，甚至还会招致对方反感？很显然，你的方法不对。

错误的批评方法，常见的有哪些呢？

一、情绪失控式批评

美国心理学家马歇尔·卢森堡说过：“当语言忽视了人的感受和需要，以致彼此感到疏远和伤害时，沟通就会让人难以体会到心中的爱。”

遗憾的是，我们在批评对方时，很多时候都会夹杂着愤怒、失望、焦虑等情绪，这就导致我们无法看到对方的感受和需要。就像那位恶语攻击孩子的妈妈，她甚至情绪失控地把儿子的书包摔在地上，在大庭广众之下对孩子推推搡搡，完全不顾及孩子的自尊和心理。试问，这种带着强烈个人情绪化的宣泄、主观的批评能起到多大的作用呢？如果你正被愤怒的情绪控制着，那你说出来的话通常不会对事情和发展有建设作用，只会起到破坏作用。

有效批评的前提是，先控制好自己的情绪，而不是被情绪所操纵，否则，只会让对方增强心理防御，越来越抵触你说的每句话，然后用冷漠进行对抗和逃避。

二、贴标签式批评

“对事不对人”是最基本的批评规则，但是很多人却弄反了，变成“对人不对事”，很容易就上升到人格、人品、智商、性格等层面。

比如说，作为家长，你的本意是想批评孩子做作业不够仔细、错误太多，结果说出口的话却是“你怎么这么笨，这么简单的题都会看错”；作为妻子，你的本意是想让老公知道他没考虑你的感受，说出口的话却是“你这人从来都是这么自私”；作为领导，你本想告诉下属，他工作的执行力不够，结果却说“你这性子慢吞吞的，谁受得了？我看你是有拖延症”……这哪是批评，分明是夹枪带棒的人身攻击。

从心理学角度分析，那些以批评为名、实为攻击的人，潜意识里其实对自己非常不满，对现状也无比焦虑。所以，贴标签式批评其实是一种心理投射，这种人对别人远比对自己挑剔，喜欢通过语言来打压对方，由此获取掌控感。这种批评方式只会让对方变得更沮丧，更自卑，更抵触这个世界。

这一定不是我们想看到的结果。

三、缺乏主题式批评

如果同一个问题，你批评过对方很多次，对方一直都没有改正，那么可能是因为你在批评的过程中没有抓住主题，也没有给予解决方式，只是隔靴搔痒，流于形式。

比如，你嫌弃身边的人吃饭太快，总是一边吃饭一边数落，而对方却把这当作背景噪声，根本没有起到批评的作用。可是你有没有想过，对方可能是因为工作或学习任务繁重，必须马上吃完继续去做事？重复且流于表面的批评只会让对方逐渐感到麻木。

四、翻旧账式批评

很多人喜欢翻旧账，在针对当下某件事的时候，又同时把对方之前的过错一并翻出。这种重提“陈年老账”的做法不但淡化了眼下的问题，而且无法让对方真正认识到错误，甚至还会让对方逐渐对自己感到失望，觉得自己无论怎么努力都不能弥补曾经的错误，就算改正了也没有意义。

批评的正确姿势：先扬后抑法 + 先听后批法

无效的批评带给别人的是伤害，而建设性的批评却能起到鼓励的作用。所以，批评一定要讲究艺术。问题是怎样批评才能消除对方的不良情绪和反抗心理，让别人接受得了还不反感呢？

我们先来谈谈“批评”的含义。“批”应该理解为“揪错”和“纠错”，也就是揪出错误，然后进行纠正。“评”的目的是针对错误提出看法，并帮助对方改正。

心理教育学者海姆·G. 吉诺特认为，有益的批评不会指向人格，而是在处理当下困境。所以，有效的批评应该是让对方认识自己的错，并且拿出勇气面对困难，改正错误。具体怎么做呢？围绕“勇气”和“解决”两个关键词来展开。

聚焦“勇气”，重塑对方勇气的方法有两个：一是先扬后抑法，二是先听后批法。

一、“先扬后抑法”的关键在于维护对方的自尊心

心理学研究表明，一个人的自尊心是做事的原动力，如果一个人丧失了自尊心，那么他就会失去对错误的认识和纠正错误的信心。所以，批评之前先表扬是一种高情商的做法。

比如说，约翰·卡尔文·柯立芝的做法就是典型的“先扬后抑法”。柯立芝是美国第三十任总统，因少言寡语而被人们称作“沉默的卡尔”。他有一位女秘书，人长得很漂亮，但是工作却常常因粗心而犯错。一天早晨，柯立芝看见女秘书走进办公室，便对她说：“今天你穿的这身衣服真漂亮，正适合你这样年轻漂亮的小姐。”女秘书一听总统这么夸她，顿时感到受宠若惊。这时，柯立芝接着说：“但你也不要骄傲，我相信你的公文处理也能和你一样漂亮的。”从那天起，女秘书在公文处理上很少出错了。

指出错误之前，先把对方之前做过的努力和成绩拿出来表扬一番，告诉对方，他有很多优点，而且大多时候能力都很强。这个时候，对方就会卸下心理防御听你说，并且愿意和你一起面对问题。

二、“先听后批法”的关键在于给对方解释的机会

任何一个人犯错，其行为背后都藏着“有意识”和“潜意识”，因此要给对方机会进行解释，这样做既能给对方时间梳理和反思问题，也能让自己接下来的批评更有针对性，不会误伤到他。

你可以这样说：“我知道你不是故意的，现在这个结果，你是不是也觉得委屈？”或者：“你觉得是什么原因造成了这个结果呢？我们来梳理一下。”这样的语言在对方听来温柔而有接纳度，那么他就敢在你的引导下对错误进行复盘。这个时候，就算对方依旧表现得有情绪，或者给出的解释牵强幼稚，你也要允许他，

给他时间讲完，因为前期的接纳是深入沟通的前提。

最高级的批评，是给对方赋能

批评是为了防止错误再犯，因此总结经验教训和解决问题才是主要目的。

关于“解决”，我也跟大家分享两个不错的方法。

一、营造“同在感”：“对于这件事，我觉得你有这几个地方做错了。”

很多时候，事情过去了，但是因为错误而带来的损失和负面影响并没有过去，纠正错误最直接的方式是直面错误，找出源头，负起责任。

直面错误需要勇气，无论犯错者还是批评者都需要，因为指出对方的错误也是一种承担。如果对方知道，出了问题你会和他一起解决，这会让他觉得自己并不孤独，有人陪伴他一起成长，同时也减弱了他的压力，让他能更理性、更平静地梳理自己。

二、做出“积极假设”：“下一次这样做，会不会更好？”

任何时候我们都要看向未来，对犯错者来说，批评者给予的未来假设能让他更加明确地感受到信心。其实，那位在高铁站痛骂孩子的妈妈也做出了假设，但她的是消极假设，效果和影响当然也是负面的。

能够产生积极作用的假设必须是积极的。所以，你必须让犯错者知道，虽然这次没有做好，但你依旧对他充满欣喜，依旧相信他有做好的能力。只有犯错者感觉到自己继续被信任着的时候，他才会爆发出不可思议的能量。

最高级的批评，是给对方赋能！

♫ 好声音练习室

练习课　情景再现

有的人说话不好听，其实很大部分原因是他的语言无趣，不是内容无聊，而是语言表达时的语气和表现力让人觉得很乏味，声调没有高低起伏，情感也不流动，明明是在讲一件很好玩的事儿，可是听的人却总是感到没有意思。

针对这种情况，我们可以通过“情景再现”小练习提升语言表达的吸引力。

情景再现需要以文字描述的场景为背景，使其中的人物、事件、情节、环境、情绪等全部出现在大脑中，形成连续流动的画面，由此激发出情感。

接下来，让我们通过朗读来进行感受。在朗读的过程中，你要尽可能集中注意力，全神贯注地置身于文字所描绘的场景中，并在内心想象这些场景，然后再通过语调变化来展示情绪与情感。

朗读练习一：小草偷偷地从土里钻出来，嫩嫩的，绿绿的，园子里，田野里，瞧去，一大片一大片满是的。坐着、躺着，打两个滚，踢几脚球，赛几趟跑，捉几回迷藏，风轻悄悄的，草软绵绵的。

朗读练习二：天热得发了狂，太阳一出来，地上已经像下了火。院子里一点儿风也没有，闷得人透不过气来；柳树也像得了病，叶子在枝上打着卷儿；马路上干巴巴地发着白光，烫着人的脚；真是处处干燥，处处烫手，处处闷得人喘不过气来。

这两个练习可以锻炼情景再现能力，久而久之你就会发现，你的语言表达正变得越来越灵动。

经常焦虑的人，如果能够通过朗读练习提升情景再现能力，随着注意力越来越集中，他就会找到心理学中提到的心流体验，又叫全神贯注的快感。现代人太缺少专注力，精力正逐渐被碎片信息打散，但是越专注，焦虑就越少。

PART
- 3 -

有气质的说话之道

明明是赞美的话，为什么不被待见

明明是赞美的话，为什么不被待见呢？怎样说才能赞美到别人心里去呢？简单说就是，从现在夸到未来。一是让对方觉得自己“被看到”，牢记四个字——赞美细节；二是让对方觉得你懂他，真诚、走心地赞美；三是让对方觉得“被肯定”，由衷地肯定对方的闪光点；四是让对方觉得“被期许”，把对方内在的潜能激发出来。

予人玫瑰，手有余香。在人际交往的语言表达中，赞美就好像那枝玫瑰。但在生活中，我发现有的人要么吝啬赞美，要么只会在心底里暗自赞美，哪怕是最亲密的伴侣或是朋友。还有的人一说到赞美，就会立马想到“拍马屁”，于是害怕被人说成是“马屁精”而不敢去赞美。

说到赞美，我认为，不是你不懂得如何赞美，更多的时候是你不想去赞美，或者认为赞美别人没有必要，或者认为这种行为很虚伪，或者是羞于表达。

可是，当我们还是幼童的时候，每个孩子都会热衷于赞美、善于赞美。今天看见妈妈穿了漂亮衣服，会夸“妈妈真好看”；明天妈妈做了一顿好吃的，会满足地说“妈妈做的饭菜真好吃”。为什么呢？因为幼童时期的人类最接近纯真本性，喜欢和爱都会自然流露、大声表达。

我们大脑皮层有一种特殊的神经元，叫镜像神经元。美国南加州大学神经学家迈克尔·阿尔比指出，人类的语言就建立在镜像神经元之上，是“共情”的基础。镜像神经元让我们以想象的方式“阅读”他人行为，也就是将自己转换成他人并去解读他人。

我们称赞别人的时候，其实就是在调动镜像神经元。宝宝称赞妈妈，由此产生跟妈妈的“共情”，因为宝宝能够体会到妈妈被赞美之后的喜悦心情，知道妈妈会因此而更加疼惜他，这也是一个人智商发展的开始。

不懂得接纳自己，如何赞美别人

既然大多数人从小就懂得赞美要及时大声地说出来，为什么长大之后反而说不出口了呢？

原因一：你的自恋受损

自恋和爱自己不同，两者甚至完全相反。自恋夹杂着很多不真实和夸大，爱的并非是绝对真实的自己，自恋者喜欢在内心用完美的幻想去掩饰现实生活中的不完美。所以，他们对自己总是苛刻而挑剔，对旁人的称赞又极其敏感，仿佛再多的夸奖也无法让他满足。

接纳不了不完美的自己，根本原因是在他的成长过程中，原生家庭给予他的关注太少，他未曾在父母那里感受过接纳，以至于长大后也不懂得如何接纳别人。

我始终认为，一个人不可能给别人自己没有的东西。如果我们自己都未曾被赞美过，又怎么懂得如何去赞美他人呢？懂得欣赏自己，才会懂得欣赏别人。

原因二：缺乏观察力，对人没有兴趣

对任何人而言，观察力非常重要，敏锐的观察力可以让人拨云见日，看清楚事物的本质以及变化趋势，还可以让人变得睿智严谨，发现许多被人忽视的细碎事物。所以，如果你能及时地发现别人的优点和长处，并由衷地赞美对方，那你一定会获得好感。但是，如果你缺乏观察力，别人的闪光点写在脸上你都看不到，赞美又从何谈起呢？

我在前面说了，我们善于发现自己的不足。其实，更多的时候，我们善于发现别人的缺点。我在中央人民广播电台做夜间谈话节目的时候，经常收到一些满是抱怨的来信，很多人都觉得别人与自己的关系充满着冷淡、贯穿着虚假，感叹真心朋友难寻。其实，这样的他们不仅对周围人毫无兴趣，眼睛还总盯着别人的缺点。如此心态，怎么可能好好说话呢？

如何赞美，才能夸到别人的心里去

马克·吐温曾说过："一句美好的赞美，能让我不吃不喝活上两个月。"没有人不喜欢被赞美，一句真诚的赞美也是打开人际交往的第一步。但并不是所有好听的话都能打动人，所以，不少人都存在这样的疑惑：明明是赞美的话，为什么不被待见呢？到底要怎样说才能赞美到别人心里去呢？

让对方觉得自己“被看到”

对比下面两句话，大家觉得哪句话更能夸到你心里？

“你今天状态还不错啊。”

“哇，你的头发好顺滑而且有光泽，丝巾和你今天的衣服颜色也很配，衬得你特别优雅温柔。总之，今天的你整个人都闪闪发光！”

不用说，肯定是第二句，因为被赞美的一方可以明显感觉到自己“被看到了”，而“被看到”在人际关系中又是那么重要。

如何赞美才能让对方感觉“被看到了”呢？牢记四个字：赞美细节。《红楼梦》第四十二回，薛宝钗是这么夸林黛玉能说会道的：“世上的话，到了二嫂子嘴里也就尽了，幸而二嫂子不认得字……更有颦儿这促狭嘴，他用《春秋》的法子，把世俗粗话撮其要，删其繁，再加润色，比方出来，一句是一句。”这样的赞美是不是要比“颦儿真是能说会道”更得人心？

赞美只有赞到细节处，别人才会被触动，而不是笼统地说“你好棒啊”“你真能干”。笼统的赞美，只会给人留下敷衍不真诚的感觉。

很多人之所以无法说出赞美的话，是因为没有认真去观察对方，找不到可以表达赞美的细节。事实上，只要你用心观察，就一定可以找出值得赞美的地方，哪怕对方只是穿了件新衣服、妆容舒服又显气色，都值得你向他表达赞美。

所以，与人初次见面时，千万不要用“美女”“帅哥”这样的方式开头，不但起不到积极作用，还会让人觉得你在敷衍，一点也不真诚。

让对方觉得你懂他

作为独立的个体，每个人都有独特的思维、性格以及兴趣爱好。只要你足够用心，就一定可以从对方身上发现优点，比如善良、专注、勤奋、节俭、细腻、爽快、兴趣爱好广泛、对问题看法独特，等等。

我当主持人的时候，电台曾分配给我一个实习生。这个孩子做事缓慢，内向不爱说话，其他指导老师都不怎么喜欢她。可是后来我发现，她属于慢工出细活的类型，工作特别认真仔细。我忍不住称赞她："你做事很严谨很靠谱，也很认真，这一点真不错，跟你合作，我特别放心！不过，我看你好像进度有点慢，是不是遇到了什么困难？别不好意思，直接跟我说。"听我这么一说，她立刻就放松下来，说了很多她在工作方面遇到的问题和困惑，慢慢地，我们配合越来越默契。如今的她已经是一位成功的主持人了。

真诚、走心的赞美就是要向对方传递出"我懂你"的信息，这才是赞美的艺术。

让对方觉得"被肯定"

胡适先生的太太江冬秀虽出生在官宦之家，却由于封建礼教的束缚，没受过什么教育，但她具备一般女人少有的见识。面对腐败的官场，她劝胡适一定要专心做学术，不要去当官；战乱逃难之时，教书先生们都顾不得带书，她却拼尽全力将胡适的七十箱书悉数保全。

有一次，胡适在给妻子的回信中写道："你这封信写得很好，我念了几段给钱瑞升、张子缨两位听，他们都说'胡太太真能干，又有见识'。"

胡适的这句"有见识"实在是要比夸江冬秀贤惠温柔更讨她欢喜，因为他精准地抓住了江冬秀的心理——希望被肯定。

每个人都渴望得到别人的欣赏和赞美，有些人终其一生就是想获得他人的肯定。如果对方是你很熟悉的人，你很了解他的过往和生活，那么你就可以进一步称赞对方，从过去一直称赞到现在。比如，你的同事每次遇到困难都不退缩，敢于迎接挑战，不断寻找新方法，直到迎来好的结果。这时，你可以这样赞美对方："你总是能创造奇迹，让我刮目相看，像你这样一个身经百战的人，这点儿困难绝对难不倒你！果然，你又制造了一次教科书式的逆风翻盘！"由衷的肯定会让对方觉得你是真心实意地赞美他，你必然会在他心里加分。

让对方觉得"被期许"

被相信、被期许本就是一件让人振奋的事。回想小时候，很多人总听父母说起那些别人家的孩子："瞧瞧这孩子，这么棒，将来一定大有作为！你妈就等着享福吧！"惹得我们又羡慕又嫉妒。这类称赞方式，你也可以用在平时的沟通中。比如，你的下属最近表现不错，你可以这样夸他："可以嘛，年轻人，未来不可限量！"

这种从现在夸到未来的方式，就好像一支小小的魔法棒，会把对方内在的潜能激发出来。因为，你的赞美会让对方更有自信。

♫ 好声音练习室

练习课　观察力

生活中有很多人不会察言观色，他们从来不会称赞别人，也不会安慰别人，更无法及时察觉别人的情绪波动，被批情商低，其根本原因是观察力太差。

培养观察力要具备三大要素：目的性、条理性、产生兴趣。

练习一："静观"练习

此刻的你如果正在房间里，请用目光锁定一件东西，眼睛与它保持平视，相隔距离不要太远，保证可以看得清晰，然后集中注意力去观察它，在心里默数六十秒，其间不能分散注意力。接下来闭上眼睛，努力在脑海中勾勒出该物体的样子，然后大声用语言描述这个物体，尽可能详细，比如长宽高、颜色形状特点等等。也可以直接写在纸上，做完这些之后，你再来看看是否存在哪些遗漏。

练习二："统观"练习

"统观"是指快速将面前的一切尽收眼底。比如，你走进了一个陌生的房间，如果你能够快速感受到这个房间的摆设、气息、氛围以及各种状态，就说明你的统观能力很强。

在感到舒适的情况下尽量睁大你的眼睛，注意力保持绝对集中，注视正前方，观察你能看到的所有东西，但是眼睛不能乱转，十秒钟后，回想你所看到的一切，并且一一写在纸上，一边写一边念出来，然后更换场景，继续进行练习。

观察力的养成并非一蹴而就，静观练习和统观练习都需要长期坚持。

用一句“谢谢”塑造自我吸引力

我们说“谢谢”，很多时候仅仅是因为需要说“谢谢”，我们需要让自己看上去有礼貌、有教养。这样的“谢谢”给人的感觉疏离又客套，算不上高情商的表达。

如何说好“谢谢”呢？

初级技巧：“谢谢”之余再加一句“辛苦你啦”。

中级技巧：把“谢谢”转化为称赞；示例模板：谢谢+感谢的原因+称赞。

高级技巧：把“谢谢”上升为自豪；示例模板：谢谢+感谢原因+称赞+自豪。

多年前，我的心理咨询室来了一对让我印象深刻的夫妻。他俩相伴十多年，丈夫认为婚姻生活虽然平淡但是还能凑合过下去，可是妻子却坚决要离婚。

在整个咨询过程中，我明显感觉到妻子对各种细节的愤愤不平，像是憋了一肚子委屈。丈夫则不以为意，觉得都是柴米油盐的小事。

其实，最让妻子气愤的是，这么多年来，丈夫一直把她对这个家的付出完全视作理所当然，连句暖心的话也没有。

于是，我问她："你最想听到他说什么？"妻子脱口而出："哪怕一句谢谢也好啊。"这时候，丈夫还是一副没所谓的样子说："不就是一句谢谢吗，你至于吗？再说了，两口子哪来那么多客气！"他依然觉得妻子小题大做、无理取闹。

妻子委屈地大喊："至于，特别至于！我看你就是个冷血动物！"

仅仅是没有说"谢谢"，至于到离婚的地步吗？

作为心理学专家，我也想说："至于，特别至于！"因为"谢谢"两个字背后蕴含的心理机制和关系模式与彼此之间的关系密切相关。"谢谢"，不只是一句礼貌用语，还意味着内在的感激和在乎、尊重和肯定，是体贴、值得和被看到。所以，好好说"谢谢"，能让人对你念念不忘。

为什么有的人"谢谢"很难说出口

感谢、感恩，这两个词分别由两部分组成，首先是"感"，其次才是"谢"和"恩"，所以表达感谢和感恩的前提是，感觉、感受、感知。而案例中的那位丈夫就欠缺了这些。

为什么一句简单的"谢谢"，很多人却说不出口呢？

这让我想起了崔健在接受《人物》栏目访问时说过的一句话："原来我是最讨厌虚伪的礼节这种东西，很多世俗的礼节，我都没做过。后来我发现像我们这般大的人，都有相同的特点，就是我们都没有礼貌，我们没有礼节，我们对什么人都无所谓。我们不会像西方人那样绅士地给人行礼；我们不会像日本人一样，见面先给人鞠躬；我们甚至不会像我们长辈一样去按传统的那种方式，去给人行礼，都不会。后来我发现这就是特殊年代产生的一代。但是这点有它一定的价值，有它一定的可悲性。”

不愿说“谢谢”，很多时候是出于优越的或者羞于表达的心理，这跟我们的原生家庭、亲密关系模式，甚至是传统文化观念都密切相关。

不被原生家庭关注

上面案例中提到的那位丈夫，在家中排行老二，是一个家庭中最容易被忽略的那个孩子。他的家庭条件不好，父母含辛茹苦地带大兄弟四人，在这样的家庭环境下，孩子们的肚子能填饱已经实属不易，谁还有多余的心思去关注每个孩子的身心问题。所以从小到大，几乎没人问过他：“你开心吗？你舒服吗？你害怕吗？你难过吗？”

对于自己被关注、被重视的感觉，他一直很陌生。这样的他又怎会懂得感恩说“谢谢”呢？

夫妻之间不交流感受

虽然两个人是自由恋爱，也曾有过你依我依的浪漫时刻，可是自从有了孩子，两人之间的交流就只剩下水电煤、暖气空调、房贷和孩子的学习成绩了，导致两人之间经常为生活琐事争吵。生活都一地鸡毛，哪还顾得上温情地说“谢谢”？

夫妻之间不说“谢谢”，还跟中国传统文化的影响有关。我们中的大多数都有这样一种传统的观念——对待自己亲密的爱人，所有的爱意都是内敛的，感谢的话是不屑于去表达的。

对他人的付出毫无感觉

妻子喜欢装饰，总把家里布置得温馨舒适，可是在丈夫看来，这些都是可有可无的行为；有时候妻子兴冲冲地买回一束花，丈夫也视而不见，对他来说，泡杯热茶看看电视就觉得异常满足。无论妻子付出了多少努力，丈夫都不觉得珍贵，反而觉得妻子把生活搞得太复杂，多此一举。不懂得欣赏他人，自然也看不到他人的付出。没有了感知，也就不存在感激。

还有的夫妻，家庭关系界限模糊，你我不分，一团糨糊，他们在潜意识里都认为，对方的默默付出是应该的。

所以，如果今后你遇到了不懂得感激的人，先别急着生气，而是尝试着从这三个方面去和他沟通、去了解他，或许对方并不是真的冷血或没礼貌。

“谢谢”：不仅是基本礼貌，更是教养和尊重

不懂得如何表达谢意，不仅会伤害真心爱你的人，还会让自己长久活在灰色的情感世界里，难以体会到热情或温暖等积极的情感，对彼此之间的关系也会带来负面影响。而一句简单真诚的“谢谢”，则可以增进情感的流动，让人的心灵得到更多的养分。

我读李安的自传《十年一觉电影梦》的时候，被他跟妻子林惠嘉之间的恩爱所感动。众所周知，在获得奥斯卡最佳导演奖之前，李安蛰伏了六年，在家当“煮夫”，全家开销都是靠妻子的薪水支持。

在很多次接受采访的过程中，李安都表示，自己最感谢妻子的地方，是她给了自己最大程度的自由，让自己能完全沉迷于电影梦想当中。李安凭借《少年派的奇幻漂流》再次举起奥斯卡小金人时，还专门写了回忆短文《有梦想的人才能举起奥斯卡》，以表达对妻子的感谢。

懂得感恩是亲密关系最好的润滑剂。我想，这也是李安和

妻子林惠嘉恩爱三十年有余的秘诀所在吧。而在所有感恩的方式里，说“谢谢你”是成本最低的。

说了这么多“谢谢”的积极作用，那这简单的两个字对彼此的内心和关系有哪些促进作用呢?

及时给予对方精神回馈

表达感激或感恩的方式有三种：行动回馈，用实际行动报答，属于只做不说；实物回馈，送给对方礼物，以表谢意；精神回馈，直接把“谢谢”说出来。精神回馈最容易操作，效果也最为直接。

让对方感觉到被看见

我在前面讲过，我们每个人都希望在人际关系中被听到、被看到，而一句“谢谢”，就可以让对方瞬间感知到你对他的在意。无论是谁，都会喜欢那个总是在意自己的人。

让对方感觉到被肯定

“谢谢”两个字代表你很认可对方的所作所为。在对方看来，这是一种对他行为的嘉奖。那么，他会在这种鼓励之下，继续做出更多让你赞许的事情。

让对方感觉到被尊重

世间没有哪一种付出和牺牲是应该的、理所当然的。无论对方为你做的事情多么微不足道，都值得你说句“谢谢”。懂得这点的人，才会在表达感谢时真诚而谦逊。你的“谢谢”，会让对方感觉到你的教养和尊重。

我曾有一个来自中国台湾的合作伙伴，是一家公司的高层管理者。每次她给下属布置工作任务的时候，对话收尾时都会说一句："我要讲的就是这些啦，那谢谢你啦！"回复邮件时，无论对方是谁，她都会在邮件结尾加一句："以上，谢谢，辛苦您啦！"

我问她："你不觉得总跟人说'谢谢'会显得过于客气吗？"她说："不会啊，我想每个人其实都希望听到别人说'谢谢'吧，因为我被别人感谢的时候觉得很开心，所以我也想把开心带给别人。"

经常说"谢谢"的人都有很强的共情能力，他们能够设身处地理解别人的感受，由此才更重视这种感受。经常说"谢谢"还会给人留下懂得感恩的好印象，因为在大多数情况下，"谢谢"都意有所指，一定是对方先做了什么。

"谢谢"的高情商表达方式

"谢谢"不仅是礼貌用语，更是增进人际关系的一把金钥匙。但是，生活中有很多人说"谢谢"的方式不对，或许是因为害羞，在表达时让对方听起来像是勉为其难。更多的时候，我们说"谢谢"，仅仅是因为需要说"谢谢"，我们需要让自己看上去有礼貌、有教养。这样的"谢谢"又给人疏离客套的感觉。

如何说好"谢谢"这句话，大有学问。在这里，我跟大家分享三种技巧。

初级技巧："谢谢"之余再加一句"辛苦你啦"

除非是面对极其微小的事情或不太熟悉的人，否则都不要去吝啬自己的感谢。"谢谢"之余再加一句"辛苦你啦"，或者直接告诉对方你为什么对他表示感谢，都是非常加分的表现。如此真诚美好的人，谁不喜欢接近呢？

中级技巧：把“谢谢”转化为称赞

“赞美”是语言表达中的玫瑰，予人玫瑰，手有余香。而“谢谢”便是这朵“玫瑰”的种子，很多深刻的情谊都是从一句“谢谢”开始的。如果你想让彼此的关系更近一步，则需要及时把“谢谢”转为称赞。

示例模板：谢谢 + 感谢的原因 + 称赞。比如：“谢谢你，刚才帮我在领导面前化解了尴尬，你真是一个高情商的人！”

高级技巧：把“谢谢”上升为自豪

在我四五岁的时候，有一次妈妈过生日，我亲手为她制作了一朵绢花，虽然现在回忆起来那朵花歪歪扭扭有点丑，但是妈妈收到之后，满脸惊喜地对我说：“谢谢女儿给我做了一朵这么漂亮的小花，你真是个心灵手巧的孩子，妈妈真为你骄傲！”

现在我的手一点也不巧，但是妈妈那种因我而自豪的样子一直激励我到现在。每当我遇到挫折想要放弃时，脑子里就会浮现出当时的画面。

有人为自己感到骄傲自豪，本就是一件值得开心的事，如果你的“谢谢”能给对方带去这种感觉，会加深彼此之间的信任，因为，对方在这个时候感受到的重视是翻倍的，他会觉得“有人这么看重我，我又岂能辜负”。

示例模板：谢谢 + 感谢原因 + 称赞 + 自豪。比如，你可以这样说：“谢谢你，刚才帮我在领导面前化解了尴尬，你真是一个高情商的人，和你成为同事真的好幸运！”

学会艺术地说“谢谢”，你会发现，很多复杂的问题变简单了，你和他人的亲密关系也更柔软融洽了。所以，良好关系的维护，从一句简单的“谢谢”开始吧。说不定，你随口的一声“谢谢”，可以温暖别人一整天。

♫ 好声音练习室

练习课1　让说话声音不再软绵绵

声音的质量可以决定你给别人的第一印象，比如有些人说话声音软绵无力，就会让人觉得不可靠，为人处世也不够坚定，尤其在表达看法和意见时，会显得没有气场，从而丧失良好的机会。

声音的最佳状态是虚实结合，让声带处于半紧张状态，保持一种舒适的紧张感。怎么练习才能让自己达到这种状态呢?

首先吸一口气，用胸腹联合呼吸，把气息吸得尽量饱满。然后，让声音从喉咙流出来，好像一条抛物线，沿着上腭中线前行，向硬腭的前方流动。接着发出这些音阶：ai、ei、ao、ou、ba、pa、ma、mu、mi。

最后进一步练习朗读词语：

花好月圆

百炼成钢

兴高采烈

开怀大笑

练习课2　让声音听起来更有温度

声音温暖与声音好听是两个不同的概念，声音好听的人，声音不一定温暖；而声音温暖的人，说话一定是好听的，因为声音本身就需要感情加持。

我们来做一个试验，分别用微笑脸和冷酷脸发送同一条语音给对方：“我今天加班，不回去吃晚饭了。”然后听听其中的差别，你会发现如果表情有温度，声音就是温暖的。

心理学研究表明：微笑或兴奋都会加快大脑运转速度，我们微笑时，大脑神经会收到指令，帮助我们开拓思路，厘清思绪，由此更能有效容纳较为复杂的人际关系，也会获得非常不错的沟通效果。

有人或许觉得很简单，但真正实施起来却没有那么容易，有的人笑的时间长便会觉得累，这是因为他对颧肌的训练不够，已经形成了僵硬感。颧肌就是我们常说的苹果肌，接下来，跟大家分享两个训练颧肌的方法。

练习一：颧肌灵活操

打开拇指和食指，做一个“八”字手势，然后把虎口对准下巴，用拇指和食指顺着下巴沿着法令纹向上轻推，推到颧骨位置，然后用拇指和食指的指腹，在颧肌上轻轻打圈按摩，持续二十次左右。

练习二：提颧肌练习

播音员在播报信息的时候，口腔讲究“提、打、挺、松”。其中，“提”指的就是提颧肌。

找一根普通的筷子横向咬住，然后发出“i”的延长音，持续二十秒。你可以对着镜子时刻观察自己，嘴角高度要超过筷子的水平线，颧肌提起，嘴角向上。

转“危”为“机”的幽默沟通技巧

有时候，你自以为的幽默并不高明，甚至会招致别人反感。还有的时候，你的幽默对别人来说可能是人身攻击，是没有界限、没有教养的体现。比如说，嘲笑他人式幽默、过度自嘲式幽默以及不注意场合式幽默。高情商的幽默有哪些技巧呢？技巧一：巧用同音法；技巧二：顺水推舟法；技巧三：适度自嘲法。

我曾经闹过一个笑话，当时我还在中央广播电台做广播节目主持。那天和我搭档的是一个新人，他没有经验，坐在话筒前紧张不已，脸色惨白。当我跟着片头音乐把话筒推上前，准备和听众们打招呼时，谁知他先张口，脸色通红地说了句：“大……大家好，我是青音。”于是，青音同学我一脸问号，一时不知道该怎么接话，只好硬着头皮说：“大家好……我……我也是青音。”说完，我立刻关掉话筒开始播放音乐，场面一度很尴尬。

知名作家刘墉曾说过：“在未来的岁月，你会发现有许多情况，你不能直接回答，却能用幽默来化解。”可惜，那时的我很年轻，没有太多临场经验，更不懂得如何灵活运用幽默的方式来化解。

幽默并不等同于让人发笑

幽默是什么？“幽默”一词最早出现于屈原所写的《九章·怀沙》中——“眴兮杳杳，孔静幽默”，但这里指的是安静，后来通过外来词的演化，“幽默”一词的含义逐渐演变成能给别人带来欢乐的意思。

所以很多人会说，幽默不就是让人发笑吗？这么说也没错。但幽默并不等同于让人发笑，它和故意搞笑是两回事，和粗鄙语言讲的低级笑话更是不同。可以说，幽默是一门内外兼修的学问，比故意搞笑和低级笑话要有智慧和力量得多。

林语堂在《论幽默》中指出：“幽默有广义与狭义之分，在西文用法，常包括鄙俗的笑话在内……在狭义上，幽默是与挑剔、讥讽、揶揄有区别的，这三四种风调，都含有笑的成分。不过笑本有苦笑、狂笑、淡笑、傻笑各种的不同，又笑之立意态度，也各有不同。有的是酸辣，有的是和缓，有的是鄙薄，有的是同情，有的是片语解颐，有的是基于整个人生观，有思想的寄托。”

而从心理学角度剖析，幽默是一种绝妙的防御机制，但它更是一种能力，一种综合素质。表达幽默时，我们要具备哪些基本素质呢？

足够自信

影星黄渤的幽默临场能力曾多次为他化解尴尬。有一次，黄渤和马云一起出席某商业活动。闲聊间，马云突然问了黄渤一个问题：“你觉得我长相咋样？”这明显是一道“要命题”。然而，黄渤的回答堪称幽默教科书级别的答案！

黄渤笑着答道：“咱俩都差不多吧！”简单一句话，既照顾到了马云的颜面，又不会落下虚伪拍马屁的嫌疑，连马云都忍不住为他竖起大拇指。

一个心理自卑的人是很难幽默起来的，因为他不在意对方笑或者不笑，他在意的是别人是不是在笑他，对别人的态度格外敏感，别人一笑，他就觉得是在笑他，不开心的情绪马上先入为主。

放松心态

我在录制节目时经常会说这样一句话："当你心理紧绷的时候，是衣服在'穿'你。只有放松下来，才会变得穿什么都好看。"幽默同理，心态足够放松，感觉不到紧张和焦虑的时候，才能将更多的智慧融进我们的语言中，让幽默得以生长。

不要在意效果

对方能否对你的幽默感同身受，这点我们无法控制，因为每个人的理解能力和接受度都不同。如果你过分在意对方的反应，那么，幽默带来的感染力就会大打折扣。表达幽默时要放下这些顾虑，先逗笑自己，才能进入自己营造的幽默情境里，别人才会觉得有趣。

你自以为的幽默可能会伤害到别人

有时候，你自以为的幽默并不高明，甚至会让别人反感。还有的时候，你的幽默对别人来说可能是人身攻击，是没有界限、没有教养的体现。

关于幽默，有哪些错误的表达方式呢?

嘲笑他人

我们在网上经常能看到一些视频，拍摄者故意拿别人的自卑取乐，这样做虽然达到了让人捧腹大笑的喜剧效果，但按照林语堂说的来看，这就是鄙薄的讥讽，不能算是真正的幽默。

记得有一次在公司，某个女同事拧不开瓶盖，请邻座的男同事帮忙，结果男同事说："我看你每天中午吃那么多，腰围都快赶上肩宽了，竟然还拧不开一个瓶盖？"周围同事哄堂大笑。女同事自然气坏了，一把抢过瓶子，丢下一句："要你管！"大家确实被男同事的话逗笑了，可是这样却伤害了女生的自尊心，像这种自以为是的幽默，其实是在别人的伤口上撒盐。

过度自嘲

曾经看过一段相亲短片，男方为了逗女方开心而过度自嘲道："我人缘特别好，同事都喜欢我，说我这么傻让他们很有安全感，肯定没有坏心眼儿。我妈没经过我同意就把我生得这么丑，我回去问问她到底怎么想的。"女生听完后十分尴尬，很想笑又觉得不太礼貌，所以笑也不是，不笑也不是，气氛就整个僵住了。

幽默要建立在维护双方自尊的基础上，放低自己找乐子，那叫自我贬低，对方也不会觉得好笑。

不注意场合

很多人在表达幽默时不分场合，完全不考虑当时所处的环境和面对的人。有一次，我在公司召开复盘会，因为那个月业务数据很惨淡，我希望可以和大家一起反省。刚开始没一会儿，就有一名迟到的员工走进来，他看到大家的表情很凝重，于是开始自作聪明地抖机灵："呀，对不起，我迟到了，早上出门前算了一卦，说今天路上能碰上林志玲，所以我就在路上东张西望，结果就耽搁了。”换作平常，大家会和他一起说笑，但是那天没有一个人回应他。

不注意场合的自杀式幽默，无疑是令人反感的。

幽默并不难，人人都能掌握

培根说过：“善谈者必善幽默。”幽默是一项每个人都能掌握的说话技巧。我们要怎样做才能拿捏好幽默的分寸呢？

技巧一：巧用同音法

周恩来总理是举世公认的人际交往大师。有一次，一个外国记者问周总理：“在中国，明明是人走的路，为什么要叫‘马路’呢？”周总理反应迅速，机智地答道：“我们走的是马克思主义道路，简称‘马路’。”周总理把马路的“马”解释成马克思主义的“马”，巧用同音法幽默化解了记者的别有用心。

同音法就是指巧用同音字或同音词来化解尴尬。再举个例子，有一次公司开会，某个同事的手机不停地振响，她不得已接起来，然后小声跟大家说：“不好意思，我门口有快递。”为了不让她太过紧张，我马上接着她的话说：“你在公司门口有块地？这么厉害！好的，知道了，去吧，等收庄稼的时候可以叫男同胞去帮忙。”大家马上笑成一团，她瞬间也觉得轻松很多。

快速找到同音字词，然后把A引向B，由此可以达到出人意料的幽默效果。

技巧二：顺水推舟法

回到我曾经的主持笑话，如果那时的我具备丰富的语言技巧和经验，在搭档因为口误将他自己介绍为青音的时候，我可以在他说完“我是青音”后这样接话：“的搭档夏冬，没错，刚才大家听到的好声音就是今天的新晋主持人夏冬。夏冬你好，我是你的搭档青音，今后请多关照。”

再比如，你女朋友帮你拍照时把你拍得很黑，如果她尴尬地表示自己技术很差的时候，你可以顺势说一句土味情话：“没什么，我黑一点不就能在暗中保护你了嘛。”

顺水推舟式幽默能力挽狂澜，把对方的失误迅速转换方向，同时把对方从尴尬的境遇中拉出来。

技巧三：适度自嘲法

说到自嘲式幽默，我第一个想到的是“肥姐”沈殿霞，她绝对是个具有自嘲能力的自在人。有一次，记者问“肥姐”：“四十多年来你一直在演艺圈的浪尖上，有没有秘诀啊？”“肥姐”笑答：“我的吨位比较重，那些浪推不动我。”一句风趣的话证明了肥姐自我解嘲的能力。

在人际交往的过程中，适度的自嘲是一种很高明的脱身手段，会让彼此的关系更加轻松，你卸下武装，对方也能更真实自然，而且还会产生意想不到的幽默效果。

比如，我的合伙人是个光头。有一次，大家拍合影时气氛略显严肃，他发现后，马上站到最靠边的位置，然后说：“我靠边站，给大家补补光，我自带闪光灯。”大家顿时笑了起来，摄影师马上记录下了这一幕。真诚袒露自己不完美的地方，主动引人发笑，释放压力，这样的幽默很高明。

无法让自己和对方都开心的幽默，就算不上幽默。所以，在言谈中要时刻保有“利他”心理，既不委屈自己，也不贬低别人，这才是幽默的智慧。

♫ 好声音练习室

练习课1　表情管理

大家还记得假笑男孩吗？刚开始人们看到他会觉得新鲜搞笑，但是时间长了，又感觉那样的笑容让人很不舒服。仔细观察，你会发现男孩虽然展现的是笑脸，但是眉眼却完全没有笑意。

真正的笑，嘴巴上扬的同时也会带动脸部表情，整体联动而立体。

我们说话时也是一样，如果没有做好表情管理，或者表情与心情不同步，那么就会显得特别僵硬死板，没有情绪起伏，也没有任何感染力。抬眉毛、小表情太多、不喜欢笑等等，这些动作都会给你的表达减分。

表情管理就是对面部肌肉的管理，管理是否得当，会影响你的语言魅力。

练习一：脸部肌肉活动

面对镜子，有意识地支配脸上的每处肌肉，比如上挑左眉、上挑右眉，尽可能睁大眼睛，眯眼睛，紧锁眉头再舒展开，使劲抿住嘴巴，然后张大嘴巴，等等。

练习二：“变脸”

这个练习可以和家人或者朋友一起做，比如，当对方说“微笑”时，你就要立刻微笑，开始前可以寻找一些形容表情的词语，让过程丰富起来。

练习课2　让说话声音不再闷暗

生活中，很多人的声音听起来似乎在刻意压喉，把声音含在嘴里的人，发音沉闷，含混不清。

不同的字，发音的音位也不一样。比如演员、麻花、彷徨，都需要发出“a”音。但演员的a比较靠前，在声韵学上叫前a；麻花的a居中，叫央a；彷徨的a比较靠后，叫作后a。

不同的音应该对应不同的发音位，发音才是准确的。

我们可以通过练习汉语十三辙来纠正发音位置，让声音可以朝前走一走。

汉语十三辙是指在汉语中将韵母归类的一种方法，一共有十三种，比如：

言前辙：yan，qian，发an的音；

人蔬辙：ren，shu，发en 、u的音；

中东辙：zhong，dong，发ong的音；

江阳辙：jiang，yang，发ang的音；

……

中国古诗之所以音韵优美，正是因为它们讲究汉语十三辙。接下来，让我们一起来朗读一首言前辙古诗吧。

凉州词

王之涣

黄河远上白云间，一片孤城万仞山。

羌笛何须怨杨柳，春风不度玉门关。

面对冲突时，学会非暴力沟通

当冲突已经发生了，我们要怎样做才能和平化解矛盾呢？记住两个原则：让双方都体面，充满同理心。同时，掌握“冲突化解四部曲”。第一，不要误入气话“陷阱”，对方恶言恶语时，你可以这样说：“我觉得大家应该先冷静下来，你觉得呢？”第二，让对方先表达，语言模板：“感谢你愿意冷静 + 请你先说出你的想法。”第三，表示理解对方，再说出自己的想法。语言模板：“我能理解你，但是我对这件事有另一种看法。”第四，共同制定解决方案。你可以说：“我们来一起商量，以后再遇到类似的情况时该怎么处理？”

记得小时候我问过妈妈一个问题：“妈妈，为什么大家在吵架的时候都觉得自己是对的呢？”妈妈被我逗笑了，说：“如果每个人都觉得自己是错的、别人是对的，那还吵什么架呢？”

是啊，有人的地方就有冲突，冲突是不可避免的。但我发现，当冲突发生时，很多人都没有勇气去直面问题，而是选择了逃避，以为只要自己忍气吞声，事情就会过去，问题就会自动解决。

为什么有些人面对冲突时突然不会说话了

我曾经收到一封令我印象深刻的听众来信，她说："青音姐，我是一个嘴巴特别笨的人，不会吵架，不会发脾气，不开心了或者被骂了只会哭，明明是对方做错了，也不会去辩解，所以导致我快被老公逼出抑郁症了。他很会说，而我嘴巴太笨，每次吵架都是我占下风，无论他说了多难听的话，我都不知道怎么还嘴。可是我发现，我越是不回应，他就说得越凶，从前的他不是这样啊。以至于我的父母听完他的话之后也认为是我的错……"

不敢面对冲突会导致抑郁症吗？会。因为这样的人只会在心里攻击自己，认为自己一无所长，内疚感越来越强烈，久而久之会产生自己不配活着的抑郁想法。抑郁症人格最大的特质是自我攻击，我也称之为愤怒内指向症。

很多人平时说话时一切正常，逻辑清晰、语调平缓，可为何一遇到冲突，会立刻变成"哑巴"，只想逃避呢？这种表现与个人的心理状态有极大关系，我总结了几个方面的原因，希望可以帮助每一个不敢面对冲突的你。

原生家庭充满冲突

每个成年人的内心里都住着一个"孩子"，而对于不敢面对冲突的人，他们心里住的是一个"被吓坏的孩子"。父母无休无止的争吵，对年幼的孩子来说如地震海啸一般恐怖，孩子无法理解为什么，在他们尚未成熟的思维里，只会认为是因为自己不可爱造成的，觉得一切的错都在于自己。长期被斥责、被拒绝、被否定、被忽视，自卑感和内疚感就在他们心里扎下了根。

父母本身自卑软弱

心理学领域有一个词叫“投射性认同”，最早由心理学大师克莱茵提出。“投射性认同”是一种诱导他人以限定方式做出反应的行为模式，源于一个人的内部关系模式，也就是当事人成长期间与抚养人之间的互动模式，这种模式的内化会成为自体的一部分，并将影响现实的人际关系。通俗来讲就是，你的父母通过和你互动，来诱导你按照他们的潜意识行事，而你会误以为那就是自己的模式。

比如，父母懦弱又自卑，对外界没有安全感，害怕冲突，每逢遇事都如临大敌，只想快点逃走。在教育孩子的过程中，他们会把“外面很可怕、外面的人都很可怕、冲突矛盾很可怕”这种认知投射给孩子，相处多年后，孩子会逐渐认同这些认知，逐渐变得和父母一样，就算从未遇到过冲突、激烈的大事，也会不自觉地变得自卑懦弱。

无法自我认同

自我认同是自己对自己所思所做的认可，是能够理智地看待并接受自己和外界，不会整天沉浸在负面情绪中；是精力充沛，热爱生活，有明确的人生目标并在为之奋斗努力的过程中看得到自己的价值，懂得自我肯定和自我欣赏。这样的人是自信与自尊的，不会一味地屈服于他人和舆论。

而无法自我认同的人，呈现出的行为则完全相反，他们几乎否定自己的所有，觉得自己没有一个地方有价值。如果这个时候旁人对他也提出了质疑，对他们来说，这就更加印证了“自己不好”的观点，以至于把人际冲突看作“这一切都是我的错”，从而产生更深的内疚感，更别说去处理矛盾了。

过度承担他人的情绪

因为缺乏自我认同，所以会把一切的问题归咎于自己，这样导致的后果就是，会把别人的情绪完全背负在自己身上。对方愤怒，就认为是自己的过错所致；对方悲伤，也会认为是自己伤害到了他；哪怕对方做了伤害自己的事，也会认为是自己有错在先。一旦产生冲突就无法拥有理智思维，必然导致在自己的立场很难做有效的沟通。

冲突是危机，更是自我成长的良机

只要我们还生活在这个社会里，冲突和矛盾就无法避免，而如何面对和处理，则体现了为人处世的智慧。

曾经看过这样一个故事，说的是苏格拉底和他妻子的故事。一次，苏格拉底的妻子在洗衣服，想让他过来帮忙。当时，苏格拉底正忘乎所以地跟朋友讨论问题，对妻子的呼喊充耳不闻。妻子越喊越生气，端起一盆脏水走过去，毫不客气地朝着苏格拉底浇了过去。

一场大规模的“冲突”似乎不可避免。不料，苏格拉底大笑着对他的朋友说道：“没有什么，大风雷鸣过后，必有大雨嘛，我们应当习以为常了。”一句简单的幽默缓解了当前难看的局面，还化解冲突于无形。

可以说，发生冲突时，最考验说话人的情商了。

冲突本身不重要，重要的是如何化解。但是，面对冲突时，我们大多数人首先想到的都是尽可能地维护自己，所以会攻击或者是回避，这样的做法不是让矛盾加深、关系恶化，就是委屈自己处处隐忍和退让。很明显，这两种做法都显得情商很低。

当冲突已经发生了，我们要怎样做才能和平化解，还能让矛盾双方都心里舒爽呢？

大家记住两个原则：让双方都体面，充满同理心。做到了这两点，我再带大家进入“冲突化解四部曲”的具体实施。

第一，不要误入气话“陷阱”

冲突发生时，谁都觉得自己是对的，双方夹杂了太多的情绪，说出口的话就容易变成纯粹的情绪发泄，都比较难听。有的人光是听到这些难听的话就已经气到不行，哪里还有理智去心平气和地沟通、处理问题？可是，睿智的人就不会在意表面化的语言，他们会关注对方为什么生气、究竟想表达什么。

对方恶言恶语时，你可以这样说：“我觉得大家应该先冷静下来，你觉得呢？”

如果对方还是无法冷静，继续咆哮，你可以把这句话重复说几次，直到对方不再说气话。

但是要注意，不要因为对方的那些话而感到挫败，也不要用更难听的话去反击，否则，双方永远解决不了问题，还有可能因为掉进了气话的“陷阱”，引发更大的冲突，甚至大打出手，两败俱伤，这实在是没有必要。

第二，让对方先表达

等对方冷静下来之后，先让他说话，你做一个倾听者。

语言模板：“感谢你愿意冷静 + 请你先说出你的想法。”

让对方先说话就代表了你对他的尊重和体谅，就算对方表面上依然不满，实际上，他内心已经没那么生气了。如果他说着说着情绪又变得激动，你就要把他再次拉回到冷静的轨道：“咱们刚才不是说好了，都先冷静下来吗？你总是这么激动，那还怎么解决问题呢？”

在这个过程中，对方胡搅蛮缠也好，无理取闹也罢，你只要认真地倾听就好，直到对方说完。

第三，表示理解对方，再说出自己的想法

等对方充分表达完自己的想法之后，你要先对他表示理解，但理解不等于接受。接下来，你可以说出自己的想法：“我能理解你，但是我对这件事有另一种看法。”

如果这时候对方再次情绪失控，你可以再说一句：“我刚才听你说了那么久，公平起见，接下来你也听我说说行吗？”

在一开始你就给了他尊重，并用心听了他的想法，在表示理解的前提下，他的怒火早已熄灭很多，于是你就可以后发制人了。

将你的想法以及被恶言恶语所伤带来的难受一并告诉对方，但是注意，表达的时候要尽量避免任何攻击和指责的话，你只要平静客观地讲出实际感受即可。

到了这一步，对方可能还会被你的一些观点激怒，你要马上制止他——“请你冷静一下，先等我把话说完”或者“我刚才让你说完了，所以请你冷静，让我也说完”。直到自己完全表达清楚。

第四，共同制定解决方案

所有冲突的发生，其实都是为了让我们看到问题所在，所以，我们还要具备把“危险”变成“机遇”的能力。等彼此的情绪都发泄完，接下来要做的就是平心静气地想想，未来再遇到类似的问题该怎么办。

你可以说：“我们来一起商量，以后再遇到类似的情况时该怎么处理。”

于是“冲突”会转化为“谈判”，谈不拢也没关系，好事多磨，慢慢解决。

总之，当彼此从“冲突”转向“谈判”的时候，事件本身就已经得到了化解，只要愿意坐下来好好说话，一切都有挽回的余地。

每一次冲突都是一面镜子，让我们重新审视自己；每一次冲突都是一次拉近彼此关系的机会，因为“不打不相识”。冲突，既是危机，又是转机。所以，不要再害怕冲突，而是把它当成促使我们自我成长的“好朋友”，这样的话，大家在处理人际关系时就会如鱼得水。

♫ 好声音练习室

练习课　自我情绪觉察

我们每天都会接触到各式各样的人、事、物，也会因此而产生大大小小的情感刺激，这些感受会进入我们的认知系统，大脑评估之后进而做出反应，但因为各种原因及条件限制，越来越多的人会把自己的真实感受压在心里，逐渐演变成负面情绪，影响身心健康。

学会直面情绪，可以帮助我们及时察觉当下心境，与一切感受和平共处。

第一步：给感受命名

当你产生负面情绪时，去注意那里面的一切感受，给这种感觉命名，然后把它按住在呼吸里，再感受当下心境。

第二步：用温和的语气命名

注意你给感受命名时的语气。如果过于严厉、紧张、不耐烦，那么请试着用更温和的语气。

第三步：注意情绪对身体的影响

情绪造成的影响可能存在于你身体的任何地方。比如，我每次生气都会胃疼，后来发现我的愤怒主要积聚在胃部。所以，当你正陷于某种情绪时，去自行感受身体的感觉，是否有些地方开始紧张，如果有，试着让自己放松。这样简单的一个举动，就可以有效驱散压力，因为我们并不是在对抗，而是在感受它的存在，在淡化它的影响。

第四步：呼吸与情绪会合

感受到情绪所在位置的时候，把呼吸也带去那里，让情绪与呼吸会合。放松之后，感受平静。

PART
- 4 -

有气场的说话之道

自我介绍时，给对方留下“不完美”的完美印象

高效表达就是在为彼此创造时间。所以，第一次发言必须精短，有话请直说，直接说重点，毕竟别人真的没有太多时间给你。那要如何说，才能让自己在有限的时间里传达更多的有效信息呢？方法一：提升说话密度；方法二：提升语言结构法。

在不同的场合，或面对不同的人，第一次说话其实就是在推销自己。生活中我们有多少时间去推销自己呢？其实没有很多，对方给予你的时间和耐心，远比你预想的要少很多。

曾经有一个应聘者让我印象深刻。她在做自我介绍的时候，说自己平时很喜欢看服装搭配类的书籍，并对我的着装进行了一番点评，虽然听起来头头是道、不乏专业性，语言表达也非常流畅，但最终我没有让她进入复试。原因很简单，因为她面试的职位是财务助理，我需要的是一个对所属岗位非常上心的人，而不是一个对服装搭配上心的人。

这就属于第一次说话就惨遭滑铁卢的案例。

你怎样说，就会给别人留下怎样的第一印象

如今的我们处于一个快节奏时代，碎片化的环境让每个人都变成飞速运转的零件，对任何人来说，时间都越来越珍贵。高效表达就是在为彼此创造时间。所以，第一次发言必须精短，有话请直说，直接说重点，毕竟别人真的没有太多时间给你。

那要如何说，才能让自己在有限的时间里传达更多的有效信息呢？

方法一：提升说话密度

在做自我介绍时，有的人真的就把重点放在“介绍”上，把和自己相关的一切都讲一遍，名字的由来、家乡籍贯、父母职业、家里有几口人等，像东北乱炖似的全盘托出，但其实在场的人什么都没记住。

怎样才能让别人记住你呢？

在CCTV电视节目主持人大赛中，选手翟琦瑛是这样介绍自己的：“我是五组八号选手翟琦瑛，我从一到七来介绍自己。我学了一个新闻本科，然后呢读过两个专业加上广告，我毕业以后在电台和电视台做了三个栏目，自己有四大爱好，旅行、读书、飞滑翔伞、吃巧克力，我来过北京五次了，希望还能来第六次，我的名字就叫七（琦），这就是我的一二三四五六七。谢谢大家！”

一百多个字，传递的信息却非常丰富。我相信，无论谁听完这段自我介绍之后，都会记住这个爱吃巧克力的翟琦瑛。

说话是一个人的第一名片，你怎样说，就会给别人留下怎样的第一印象。翟琦瑛的这段自我介绍有一个很值得我们学习的特点——语言密度感极强。什么是语言密度感？就是在有限的时间里尽可能传达出更多的信息，并提升你的记忆点。但信息量越

大并不等于记忆点越强，信息清楚明确才能让记忆点加深。所以，提升说话密度要从“信息选择”和“记忆点”两个方面进行训练。

首先，在你的微信好友中选择一个人，给他发一段六十秒的语音。

发送后自己重听一遍，在那一分钟里有多少有效信息、多少亮点？虽然和熟悉的人说话不用过于谨慎，但更多时候，我们面对的是陌生场合和不熟悉的人，那时候心态会紧张，如果“第一次说话”没好好表现，又怎么可能为自己赢得机会呢？

进行说话密度练习前，你可以准备三支不同颜色的笔和一个笔记本。

第一步，思维训练，将你想对某个人说的话写下来。

第二步，用不同颜色的笔圈出这句话中你认为的关键词。

第三步，缩减圈出的信息，只保留二到三个。

第四步，选择一个最重要的关键词，用第三种颜色的笔圈出来。

接着，开始进行改变训练。

根据你所写的整段话，以第四步的关键词作为核心，将第二步的关键词当作辅助，用一分钟的时间重新进行表达。

这时候，你就会发现自己的逻辑更加清晰，而且重要信息明确，能让人瞬间记住。你先想清楚，才能说清楚，对方才能听清楚。

方法二：提升语言结构法

好的语言就像盖房子，高屋建瓴，一目了然，从开始表达直到结束，能让人对内容结构了解得清清楚楚，既有重点也有亮点，既有逻辑又有情感。而糟糕的语言表达就像熬粥，重点和亮点都混沌不清，让人摸不着头脑。在这个缺乏耐心、时间金贵的时代，如果你在第一次表达时完全不注重语言结构，不知道会有多少好机会从你身边悄悄溜走了。

将语言做结构化处理，沟通就会变得高效很多。怎么提高呢？“打腹稿”就是不错的训练方法。依然用一分钟说话来练习，先把想说的话总结出一个核心观点，然后把这个观点拆解出二到四个小版块，每个版块再提炼一个中心句。然后像写英语作文那样，层层递进，先说核心观点，再拆解，最后总结。

再跟大家分享一段撒贝宁的自我介绍，也是他作为CCTV电视节目主持人大赛参赛选手的自我介绍。当时，他是这样自我介绍的：“各位好，我是四十九号选手撒贝宁，来自北京大学法学院，但是我选择做一名主持人而不是律师。不过我觉得他们的差别也不大，首先大家的工作都是说话。其次，现场的嘉宾就是我谈话的对手，但是他绝对不会像对方律师一样动不动就站起来跟你急。最后呢就是都有观众。不过作为律师啊，现场旁听的人里面可能有人会恨你，但是做主持人吧，估计是没有什么机会会招致愤恨，不仅如此我还希望大家喜欢我。”

撒贝宁这段自我介绍的核心观点就是，律师和主持人没什么区别，都是跟说话打交道的工作。然后，撒贝宁用“首先，其次，最后”来进行了分述表达，逻辑清晰、层层递进又前后呼应。这就是典型的语言结构法，是非常讨喜的表达方式。

不同场合下，如何说好“第一次”

在我们的一生中，会遇到许许多多的第一次。无论是重要的工作面试，还是上班第一天的自我介绍，或者是聚会上结识新的朋友，要想给人留下深刻的印象，如何介绍自己至关重要。因为有时候把话说得漂亮，能一锤定音、一鸣惊人，而不会说话就会导致自己错失很多良机。接下来，我跟大家分享几种不同场景下说好“第一次”的表达技巧。

场景一：第一次面试

面试时说的话直接决定你的前途和人生走向。怎么把握好这个“第一次”呢？跟大家分享自我介绍的“四步法”。

第一步：知道对方想听什么

面试时，面试官就是你的听众，所以，你要表达的内容应该是他最感兴趣、最想听到的，比如一切和工作、岗位相关的内容。比如说，你可以针对自己的专业和能力做出陈述，紧紧围绕前面提到的“提升说话密度法”，争取在最短的时间里，让对方详细了解你。

第二步：加入一个亮点

说回那位来面试财务助理的女孩，如果她希望表达的是自己的专业能力很强，那可以这样说“我是全班第一个拿下会计证的学生”，接着再围绕自己的专业能力详细展开。

亮点是可以让自己闪闪发光的加分点，是你引以为傲的部分。但是，在自我介绍时，不要刻意夸大，不能不符合现实，应该是你本身就具备的，你自己也极为认可的。

第三步：设计情感共鸣点

设计情感共鸣点的最终目的是让对方感受你，喜欢你。说得通俗点，就是为自己圈粉。要怎么做呢？掌握“八字原则”：设身处地，想他所想。

比如，如果你面对的是一位企业老板，你可以这样自我介绍：

“我知道每个老板经营企业都很不容易，都希望找到能帮助企业解决问题的员工，而我这个人最明显的特点就是喜欢解决问题，愿意面对挑战，不怕困难，迎难而上。”

“我知道每个老板经营企业都不容易”这句话就是你和老板之间的情感共鸣点——你懂他的不易。而“每个老板都希望找到能够帮助企业解决问题的员工”，这句话又进一步击中了老板的心理需求。接下来，推销自己——“我”正是你们一直在寻找的人。这样的自我介绍一定会给老板留下好印象。

第四步：让对方记住你的名字

有些人不太喜欢自己的名字，觉得没特色，太俗气。我就曾听到有人自我介绍时说：“大家好，我叫刘涛，不是明星刘涛，很巧，我也叫刘涛，是个挺俗气的名字，我身边有好多人叫刘涛。”这段话说得很没自信。要想赢得别人的欣赏，我们得先懂得自我欣赏。所以，接纳自己的名字也很重要。

场景二：第一次交谈

人和人之间最怕第一次见面交谈，稍微不注意，就会给对方留下无趣、抓不住重点的感觉。

想要改变这种情况，你可以试着制造“情绪兴奋点”。有一个说话技巧叫“摸着石头过河”，顾名思义，就是说，与人说话就好像带着对方一步一步踩着石块过河，你首先要激发对方的好奇心，让他对河对岸产生兴趣。这样，他才会带着更高的兴致和你交谈。

比如初次见面时，我会这样介绍自己：“您好，我是一位心理咨询师。您可能觉得心理咨询师这个工作就是听人说话，其实这个职业还真不是大家想的那样。”说完这些，对方一定会好奇，这个职业到底是怎样的一种性质？这样，你们的交谈就有了推动下去的契机，彼此说话一来一往，犹如太极推手一般，好不有趣。

场景三：第一次提案

我见过很多提案失败的案例，员工慷慨激昂、挥汗如雨地介绍项目，领导和同事却早就不耐烦地昏昏入睡，甚至可能还会冷漠地打断："好了，你就到这儿吧，我们后面还有会。"

为什么会这样呢？也许提案的内容不错，可是却被你的表达方式拖了后腿，白白错失了展现自己的机会。

提案时，有三个细节需要特别注意。

控制时间。无论是领导还是同事，大家每天都有大量工作要处理，所以，你要尽可能节省时间，精炼语言。

一句话说清提案重点。我在创业期间见过很多投资人，他们最看重的就是，创始人是否能用一句话说清项目的重点。如果无法说清，投资人可能会觉得你自己都没有想好，他又怎么可能会放心地把投资机会给到你呢？提案也是如此，如果做不到一句话说清重点就不能叫提案，等于没有提供任何信息。

说明提案的优势和劣势。决定提案结果的因素有很多，其中最关键的应该是，你是否能随机应变、富有激情地表达出来，并把优势和劣势都表达清楚。这样的提案肯定会给对方留下好印象。

一生中有很多第一次，那些靠第一次说话就能赢的人，是把每一次都当成第一次去全力以赴的人。

♫ 好声音练习室

练习课1　气泡音放松法

有的人只要让他开口说话，无论任何场合，他都会特别紧张，嗓子紧绷，感觉痛痒，只想清嗓子，好像有什么东西卡在喉咙里。其实这也是播音员主持人经常会遇到的问题，主要因为嗓子没有完全打开，没有完全准备好。后来我找到了一种气泡音放松法，可以对嗓子进行按摩，起到放松的作用，让嗓子尽快找到最佳状态。

关于气泡音有三个小练习可以尝试。

练习一：放松双肩，半张开嘴巴，用嗓子推出气流，但是声带不要震动，发出“ɑ”音，这时候喉咙处像有小气泡似的咕嘟咕嘟往外冒。

练习二：以气泡音作为发音起点，继续发出“ɑ”音，并逐渐拉长，然后再回到气泡音。

练习三：用一些四字词语进行练习。

气泡音放松法最好的练习时间是清晨，可以达到事半功倍的效果。

练习课2　接纳“不完美”

每个人都不是绝对完美的，而真正勇敢的人，敢于接受自己的不完美，并努力去不断改变自己，完善自己。

如何接纳不完美的自己呢？

闭上眼睛，想象你正走在夜晚的中学校园里，风很舒适，不热不凉。你走到一个用来训练跳远的沙坑前，沙子在月光的照射下显得细腻而干净。你仿佛来到了海边，把鞋子脱掉，先将你的右脚踩上去，感受沙粒细细滑滑地流过脚趾缝，然后越踩越深，接着把左脚也踩进去，再次感受沙子的细滑，来回反复多踩几次，再接着躺在沙子上，想象你被沙子拥抱，周围很软，安静且无人打扰。

最后，在心里问自己：

1. 我最害怕的是什么？

2. 在生活中，我有哪些方面需要改变？

3. 我最害怕暴露的缺点是什么？

4. 我有哪些优点？

5. 在努力的过程中，我最大的障碍是什么？

无论答案是什么，都试着去接纳。

说服别人时，我们常常把说教当说服

无法说服别人，或许跟你的说服方式有关。比如把说教当说服。说教和说服有本质的区别，说教式说话往往会把重点放在“教育”上，句式往往是“我觉得……”“我要是你……”。又比如说，喜欢指责。指责对方，是想从一开始就在语言上占据上风，为了达到目的不断挑对方的毛病，其实，这更像是一种心理控制。这种人最常说的话是：“你怎么就不能……”“你难道就不能……”没有人愿意被说教和指责。所以，如果你试图说服对方，请先克制自己“好为人师”、想要说教质问对方的冲动。

我公司里有一名员工，她仅用一年时间就做到了副总经理。我发现她说服别人很有一套。

为了让同事尽快交付工作项目，她会说：“亲爱的，我昨晚梦到你把设计图交给我了，咱俩配合得特别完美，老板都说要给咱们加鸡腿，我在梦里都开心地笑了。”其实她想表达的本意是：拜托你赶紧把工作交给我吧，以免我们被老板责骂。

或者她会用无比关心的语气跟同事说：“李姐，昨天晚上孩子又闹腾了吧？我看你今天挺疲惫的，你的工作要是下班前完不成，你及时跟我说，我给你当替补。”本意则是：完不成请早点告诉我，我宁可帮你做，也不想被你连累。

更厉害的是，她催促领导也很有艺术，比如：“哇，王总，你总是那么有效率，佩服佩服，我今天是不是可以成为第一个收到你邮件回复的人？”意思其实是：头儿，我的邮件你还没回复呢，提醒你一下，要抓紧！

虽然是催促别人的话，但从她口里说出来，既不让人反感又挑不出毛病，还委婉表达了自己的目的，所以，大家都愿意配合她的工作。

无法说服别人，或许跟说服方式有关

在生活中，说服他人并不是一件容易的事。比如说，应该有很多女性朋友都试图说服老公戒烟吧？可结果呢，他依旧吞云吐雾；再比如说，老公懒散拖拉，你说了无数遍，他改了吗？没有。为什么说服别人到你这里变成了这么难的一件事？无法说服别人，或许跟你的说服方式有关。

喜欢说教

我们在试图说服别人时，“把说教当说服”是经常会犯的错。说教和说服有本质的区别，说教式说话往往会把重点放在“教育”上，句式往往是“我觉得……”“我要是你……”。

比如下面这段对话：

小张对小王说：“昨天的那个PPT做完了吗？下午要和领导汇报工作呢。”

小王说：“还没有，我正在做。”

小张说:“我觉得一个人最重要的就是自律，执行力差的人走到哪儿都不受欢迎。我要是你，昨天晚上不睡觉也要把它赶出来!”

小王一听，自然不高兴:“昨天我家停电了，现在不是正在写嘛!”

小张的说话方式给人的感觉是，高高在上，以自我为中心。这时候问题就来了，谁又乐意矮人一等?所以，小王会本能地进行自我辩护。这样的沟通不仅达不到说服效果，心眼小的还会对你敬而远之。

而说服是以对方为中心，站在对方的立场替对方说话和考虑问题。给对方足够的尊重，你就能获得他的好感，同时让他认可你!

喜欢指责

指责对方，是想从一开始就在语言上占据上风，为了达到目的不断挑对方的毛病，其实，这更像是一种心理控制。这种人最常说的话是:“你怎么就不能……”“你难道就不能……”

比如下面这段对话:

小美和老公在餐厅吃饭，老公点了很多高热量食物，小美却希望老公减肥，于是她说:“你就不能多吃点儿素菜吗?跟你说了多少次，你现在太胖了，吃这么多高热量的食物不好!”

老公扫兴地说:“吃素的话还不如在家做饭呢，上餐馆干什么!”

小美说道:“我还不是为了你好，你难道就不能多听听别人的意见吗?”

小美的初心确实是为了老公好，可是，她这种咄咄逼人的指责方式，谁又会领情呢?

带有指责的劝服效果非常糟糕，根本原因是你直接把对方放在了犯错的位置，他没有配合你就是他的不对。这种情况下，对方的心理防御机制会马上启动，所以，你说任何话他都听不进去。

没有人愿意被说教和指责。所以，如果你试图说服对方，请先克制自己“好为人师”，想要说教、质问对方的冲动。

几个让你更能说服他人的小技巧

说服他人并不是一件简单的事，因为没有谁会轻易被对方的思想所左右。那为什么有的人只言片语就能打动对方，达到说服的目的呢？这其中包含了哪些沟通的智慧呢？

使用“意识模式词”

什么是“意识模式词”呢？注意到、发现了、意识到、觉察到、观察到、体会到、领悟到、感觉到等，这些都属于“意识模式词”。

美国心理学家纳撒尼尔·布兰登曾说过：“改变的第一步是意识，第二步才是接受。”语言表达会在潜移默化中产生影响，所以，你要把你的本意通过“意识模式词”藏在你说的话中，让对方觉得你说得对，并且心甘情愿地被说服。

怎么理解呢？比如说，与对方讨论某件事情时，把“我觉得……”换成“你有没有注意到，你有没有观察到，你有没有体会到……”，这就会悄悄转换对方的意识，让对方跟着你的思路思考，进而得出结论，如此，他就会更加认同你。

继续以小张和小王举例，如果他们换一种表达，效果就会大不相同。

小张："你的PPT做完了吗？我们下午要跟领导汇报。"

小王："还没呢，正在做。"

小张："好呀，那你加油了。对了，你有没有注意到，公司里最近涨工资的人都有一个共同点，就是永远把工作做在领导前面，我觉得咱们也要加油，说不定下一批涨工资的就是咱们了！"

通过"意识模式词"主动引导对方思考的说话方式，远比说教式让人信服得多，谁不愿意跟积极上进的同事一起工作呢？

学会"铺路石式"陈述

会说话的人就像花园架构师，通过路径设计，把人引向他希望抵达的那片风景。所以，想要说服对方改变其想法，你就需要给自己的话提前设计"铺路石"，并善于将他引导到你所预设的思路上来。

说服对方时，你的"铺路石"就是数据与事实，千万不要长篇大论只讲道理，否则没有任何说服力可言。比如，小美劝老公减肥时，就可以跟老公细数肥胖的危害。这些就是她掌握的事实，也是"铺路石"。然后，小美可以从爱老公、担心老公健康的角度去劝说，这样的"要求"谁忍心拒绝呢？

学会"领头羊式"表达

下面两种表达方式，大家觉得哪种表达方式更有影响力和说服力呢？

句式一：假如你工作再努力一点，可能下一个升职加薪的就是你。

句式二：我相信，只要你工作再努力一点，你必将得到应有的回报，下一个升职加薪的绝对是你！

很明显，句式二的震慑力更强，听起来鸡血满满，让人更有动力和干劲儿。

“领头羊式”表达指的是你把观点和建议植入对方心里，这就要求你在表达时要非常自信，所以这种表达方式常用到的词有：必须、一定、必将、绝对、相信、肯定，等等。

掌握这些沟通技巧并不难，但如果你想带来立竿见影的影响力却没那么容易，还需要配合“攻心术”。因为真正有影响力的语言，首先要打动对方的心。

改变别人的态度，说服关键在于攻心

1983年，苹果公司还是一家小小的互联网公司，乔布斯想要从百事可乐挖走总裁约翰·斯卡利。而当时的百事可乐已经是一家闻名全球的企业了。

据说，乔布斯只用了一句话就说服了约翰·斯卡利。乔布斯说：“你究竟是想一辈子卖糖水，还是想跟着我改变整个世界？”这一问直接问到了约翰·斯卡利的心里，他瞬间被乔布斯打动，离开百事可乐，成了苹果的首席执行官。

一句话就撬动了约翰·斯卡利，这离不开乔布斯超强的说话艺术，但更离不开乔布斯的攻心有术。事实上，想要把自己的观点装进别人的脑袋里，其说服的要点就是攻心。一个人口才再好，如果他不懂得抓住对方的心理需求，是很难达到说服目的的。说服的过程中，怎么攻心呢？

首先，拥有强大的自信

说服别人的前提是说服自己，自信会让你更有力量去改变自己，影响他人。所以，在试图说服别人之前，你要提前做好心理建设，自己说服自己、对自己深信不疑。这一点，我们可以学习销售人员的做法，销售的重点工作就是推销产品，他们只有自己说服了自己，坚信自己的产品质量，才能声情并茂地去说服顾客买单。

我们在表达时也一样，如果你自己都不相信自己的话，又怎能奢望对方相信你呢？只有坚如磐石的自信，才能把观点输送进对方的心里！

其次，从对方的角度思考问题

不管是小张和小王，还是小美和老公，在交流时都没有让对方觉得你是为他着想。为了交差就拼命催对方，为了自己感受好就全然指责对方，这些都是过于自我的表现，不会有人愿意配合你的。

乔布斯是怎么做的呢？准确揣摩约翰·斯卡利的心理需求，然后站在他的角度去考虑问题、去说服他。谁又不会被打动呢？

最后，让对方有选择性

如果劝解对方始终效果不佳，那么你就要注意你的劝说方式是不是不恰当。这个时候怎么办呢？你可以先放弃目的，给对方留有余地，告诉对方"你有选择接受或者不接受的自由"，让他意识到你是真的尊重他，在替他考虑。

比如，小美在完成"意识模式词""铺路石式"表达和"领头羊式"的表达后，可以再加这么一句："不过老公，你是个成年人，又不是三岁小孩，我虽然是为了你好，但是愿不愿意听就看你的了。反正健康是你自己的事，高热量食品又没吃到我肚子里，你说呢？”这么一说，老公怎么还好意思像孩子似的吃垃圾食品？

说服的核心是真诚。你真心诚意地期望对方变好，对方一定会感受到，并会为了你的这一份赤诚做出改变。

♫ 好声音练习室

练习课　让说话声音不再懒洋洋

有的人在说话时总透着一股懒散，对方很难弄清楚他具体在说什么，给人的第一印象必然不好。

声音懒散的主要原因有两个：说话时吐字不到位，叼字叼不住，立字立不起，说话也吃字；另外就是，说话音调太长。比如动画电影《哪吒》中有一段哪吒摇头晃脑时的自言自语，“我是小妖怪，逍遥又自在”，大家可以尝试分别用懒散和精神饱满的语气说出来，感受其中的不同。

说话吃字主要因为唇舌相离，两者力量不够集中，发音没力气，造成有些音听起来像脱了力气。比如把“中央电视台”说成了“装电视台”，“谢亚芳”说成了“夏方”，字头丢失，音节粘在一起。如何通过练习来改变这种情况呢？将唇部的力量集中在中间，将口张成“一”字形，有点像微笑的感觉，由此体验唇齿相依的感觉，然后念绕口令：一盆面，烙一盆饼；饼碰盆，盆碰饼。

接着词组练习：皮袄、高傲、暮霭、平安。

最后古诗练习：

望庐山瀑布

李白

日照香炉生紫烟，
遥看瀑布挂前川。
飞流直下三千尺，
疑是银河落九天。

过程中要注意朗读时声音的虚实变化，每个字音都要发到位。

面对语言暴力，如何优雅地“高级怼”

避免遭受语言伤害，不一定要比对方能说，你可以试着打破对方的语言规则。具体有哪些技巧呢？技巧一：拆穿对方的道德绑架；技巧二：“声东击西”回击法；技巧三：假装关心。无论你用哪种技巧来应对，优雅回击别人的前提都是，把自信和坚强刻在骨子里，任别人骂你黑你攻击你，你都相信自己爱自己。这样的个人魅力和气场，无须你多说什么，就是最好的回击。

有时候，语言也是一把刀，常常给人带来痛苦和伤害。如果有人用语言霸凌你，你是不失时机地怼回去，还是优雅地闭口不言呢？

很多性格内向、性情温和的人都有这个困扰，平时遇到说话难听的人，不知道该怎么回应，只能任凭自己被气得说不出话，最多涨红着脸说一句：“你这人怎么能这样呢！”回家以后越想越生气，气对方也气自己，觉得自己又怂又懦弱。面对语言暴力，我们不奋起反击的结果就是，反过来自我攻击，随之陷入自我怀疑、自我攻击的深渊。

遭到别人的语言暴力，自己不会反驳时怎么办呢？只能接受伤害吗？当然不！学会优雅地回击，可以在不争不吵的情况下维护自己的自尊和面子，还能让对方知道你不是好欺负的。

回击时，你要避开哪些“坑”

回击不是吵架，有效的回击应该充满智慧，避免掉进“坑”里。遭遇别人的语言暴力时，我们要注意绕开哪些“坑”呢？

一、不要否定自己

被冒犯时我们之所以会生气，是因为自尊心受到了侵害。高自尊并不等于自尊心强。高自尊的人往往有着良好的自我认同，内心充满着安全感；而自尊心过强的人，自我认同感比较差，无法真正做到自我接纳、自我认同，内心脆弱又敏感，这样的人在遇到别人的恶言恶语时，心被别人一戳就破了。

举个例子，如果有人对你说：“哎呀，你怎么又胖了，腰上像戴着游泳圈似的！”如果你接受了自己身材的不完美，那么你就不会被对方这句话真正气到、伤到，最多觉得对方是多管闲事。但如果你一直嫌弃自己的身材并因此而自卑，那对方的这句话就等于触到你的“逆鳞”，你的情绪就会失控。

但太多的经验教训都在告诉我们一个道理——以暴力沟通的方式发泄情绪，只会让矛盾进一步激化。准备回击对方时，情绪失控，你就先输了！

所以，保持清醒，接纳自己，提升自我认同感，将内心的空洞逐渐填满，恶言恶语就很难戳中你了。

二、不要恶语伤人

“良言一句三冬暖，恶语伤人六月寒。”不以恶语伤人是一个人最基本的教养，在任何场合都一样。因为使用污秽、尖刻的语言攻击别人，映照出来的是你自己的品质。最关键的是，恶语容易造成人身攻击，激化矛盾。

回击的目的是维护自己的同时，让对方闭嘴。如果你只会说恶语，不但起不到任何积极作用，还会授人以柄，被对方用你说出的恶语反将一军，这是非常不明智的行为。

三、避免与对方争论

听到对方说你胖，你就气得开始辩解：“我哪里胖了？你才胖呢！”对方笑话你是大龄剩女，你继续辩解：“没有啊，我自己一个人过得很开心，那些结了婚的也不见得幸福啊。”这样的回击对那些存心挖苦你的人来说，起不到任何回击作用，你反而会掉入对方的“圈套”，更显得自己好傻好欺负。

高情商回击的背后是“看破不说破，知人不争辩”的教养。只有你自己才能决定自己的价值。所以，你不需要向他们证明什么，只管做自己就好。

四、不要误伤自己

软弱的人有一大特点，和对方一起欺负自己而不自知。比如，对方侵犯了你的权益，你首先想的不是回击，怎么拿回属于自己的东西，反而在心里认定一切都是自己的问题，是因为自己不够好才会被人欺负。

这就好像性侵案中的一些受害者，她们会自己攻击自己。心理医生面对这些受害者的时候，首先会尽一切努力修正她们的观点，让她们知道，这一切不是她的错，错的是施暴者。

这个心理认知同样适用于被语言欺负的你——如果遭遇了语言暴力，请你不要自我怀疑，要相信这不是你的问题，是施暴方出了问题。正确地认知自己，做到接纳自己、认同自己，才有底气去回击。

五、不抱有期待

不得不承认，我们对很多人都抱有期待，希望被对方相信、被对方认可、被对方喜欢。对于别人的评价，我们敏感又在意，希望自己能成为更受欢迎的人。这些，就是你对别人的期待，但同时也是你能被对方抓住的“死穴”和“软肋”。所以，当你遭遇语言攻击时，请收起这些期许。对方欺负你，就是在试探你的底线，千万不要客气！

试着打破对方的语言规则，优雅地回击

2020年3月11日，美国称中国在疫情暴发初期没有采取最佳做法，当时的外交部新闻发言人耿爽特意引用了这句来自《孟子·离娄上》的话进行反击——“行有不得，反求诸己”。说完后，耿爽忍不住露出了“和蔼一笑”。不知道有多少人因为这一幕被爽哥给“圈粉”了，反正我被“圈粉”了。沉稳、幽默而犀利，爽哥的回击简直是优雅地“高级怼”的最好诠释。

避免别人的语言伤害，不一定要比对方能说，你可以试着打破对方的语言规则。具体有哪些技巧呢？

技巧一：拆穿对方的道德绑架

有一天，一个我不熟悉的人突然发消息给我说：“青音老师，

你有时间吗？我想跟你聊聊。”我实在想不起对方是谁，就没有立刻回复。但紧接着，我连续收到了十几条语音，我点开听了听，大意是她和老公吵架了，想找心理专家咨询。

我礼貌地询问她：“你是需要我帮你介绍心理咨询师吗？”她秒回：“你不就是心理专家吗？我跟你聊聊就行。”我回复道：“很抱歉，我最近的咨询都约满了。”她就说：“你还要预约呀？你有空给我回个电话，我跟你说说就行。”我只好再次回绝她。

最后她说：“你平时温柔体贴的知心姐姐形象原来是装的啊，真没有爱心！”我听完就愣住了，完全没想到，一个和我毫无交集的人竟然因为我没有满足她而指责我。

喜欢恶语攻击的人，最喜欢挑那些内向善良的人进行道德绑架。这个时候，你千万不能掉进对方的“陷阱”里，你也不需要有任何道德上的负罪感，你要相信，自己并不是他所说的那种人，你的好，你自己最清楚。再遇到这种情况，你只需要四两拨千斤地回击对方：“你说对了，我就是啊！”

技巧二：声东击西

姚明无论是口才，还是情商都很高，他有许多化解尴尬和回击对方的例子。有一次某外国记者故意调侃他：“在中国十几亿人中，为什么找不出几个擅长打篮球的人。”这是明显的嘲讽，但姚明的回击很有意思，他说：“你们国家有三亿的人口，怎么连一个乒乓球高手都没有。”那位记者听完，瞬间不知道该说什么了。

姚明用的方法就是“声东击西”回击法——你跟我说东，我跟你聊西。

生活中有很多这种人，你和他讲道理，他用道德绑架你；你和他讲规则，他想要你的同情。遇到这种情况，你在回击时可以反其道而行之。比如，如果有人说你胖得像戴了游泳圈时，你可以回击道："我虽然胖，可也不影响我是个美女，但是你说话不过脑子，这病就不好治了。"

技巧三：假装关心

什么叫"假装关心"呢？比如说，我曾在某公众号上看到负责的小编回击读者："亲，你还好吗？建议你刷完牙再出来，你嘴这么臭，咱们还真不好交流，你说呢？"

还有一次，我的闺蜜与人发生冲突，对方一直骂骂咧咧、喋喋不休，闺蜜一直没说话，临走的时候说："大姐，以后没吃药就少出来，要是碰上个厉害的，打得您满地找牙多不合适啊。"说完立刻发动车子，扬长而去。

假装关心是指基于对方的表现，帮他找出"病症"，并建议他治疗。我们不骂人，但是我们说的话比骂人更有力量！

回击之前，如何进行有效的心理建设

小S一直以"毒舌"著称。有一次，杨幂参加她的节目《姐姐好饿》，节目才刚开始，小S就开怼："你腿是真的细，你那是真的还是假的？你大腿这里有没有打阴影？"杨幂随机应变道："没有啊，就开刀，把脂肪抽出来啊！"

小S不放弃，继续怼杨幂，说她腿这么白肯定有问题。而杨幂继续自黑："假的，（化妆）化的，等一下这片就会黑掉。"

杨幂黑起自己来真的是毫不手软。她之所以圈粉无数，这跟她高情商的自黑是分不开的。而自黑的背后更多的是自信，如此才能从容不迫地回击别人。

心理不强大就会被欺负。回击别人之前，我们要如何进行有效的心理建设呢?

一、不要追求完美

很多人选择忍气吞声，究其原因是对自己过分苛刻，过分追求完美，偶像包袱太重，仿佛身边总有人拿着放大镜观察自己的一言一行。从心理学角度来说，这是一种过度自恋行为。每个人都有两面性，如果你无法接纳不完美的那一个自己，事事追求完美主义，那么你迟早会憋出内伤，成为别人眼中好欺负的“老好人”。

二、内心有力量

面对语言暴力，如果你选择了逃避，或者你轻易就被别人用言语刺伤了，那只能说明你的内心还远不够强大。生活中有很多人都秉持“多一事不如少一事”的佛系观点，经常用“退一步海阔天空”来劝慰自己，但是如果你始终不为自己发声，那你的“宽容”不过是逃避的借口。不是不想，而是不敢，还没开口就退缩了。

世间一切美好的存在，都不是虚弱无力的，善良也是如此。纵容恶言恶语恶行，这本身也是在参与作恶。真正的善良应该是强悍有力的，你的善良，请带锋芒!

三、你决定对方的所作所为

曾经有一次我在某所学校做演讲，有个女生问我:“青音老师，男生一般会喜欢什么样的女生呢?”我回答:“男生都喜欢懂得自爱的女生。”

其实，人与人之间的交往也如此，人们更尊重那些懂得爱自己的人。活得漂亮的女人，往往都懂得好好爱自己，所以，优雅回击别人的前提是，把自信和坚强刻在骨子里，任别人骂你黑你攻击你，你都相信自己爱自己。这样的个人魅力和气场，无需你多说什么，就是最好的回击。

亲爱的，你越早看到这世间的不如意，越能让自己尽快成熟、成长起来，懂得捍卫自己才能获得内在的力量。“我是好人，但我不好欺负！”这是我总结的一句人生道理，分享给大家。

♫ 好声音练习室

练习课　改变刻板的声音

很多普通话说得标准的人在说话时却显得无比刻板，过于拘束不够自然，或者发音扁平，好像在和自己较劲似的。究其原因，是他们在说话时口腔后方没有打开。接下来，我们就进行打开牙关的练习：

首先，半张开嘴巴，感受一会儿上面和下面的后槽牙，然后用上门牙轻轻碰撞下门牙，接着再把嘴巴张大一点，再去触碰，你会发现碰不到了，如此反复多次。这样做是为了锻炼口腔的灵活性。

最后，请大家反复练习这个绕口令，以此打开牙关。

白石塔，
白石搭，
白石搭白塔，
白塔白石搭，
搭好白石塔，
石塔白又大。

谈升职加薪的高情商话术：说话留白

你说出口的话让人感觉到的舒服程度，就是你在职场中所能抵达的高度了。跟领导谈升职加薪时，你需要掌握的话术技巧有哪些呢？

话术一：约时间。先发信息给领导："打扰了，您这两天有空吗？我想占用您大概二十分钟的时间，单独和您谈谈。"

话术二：开门见山。简单寒暄两句后开门见山直奔主题，并大大方方亮出数据和底气。

话术三：留有余地。提出需求，表达目的之后，不要急于催促领导表态。你可以说："领导，这些是我内心的真实想法，感谢您今天愿意花时间听我说，辛苦您考虑考虑，我等您答复。"随后优雅离场。

在职场上，情商也是硬实力的一部分。会说话的人，让人如沐春风，人际关系融洽，自然更容易在职场如鱼得水，大展身手。

然而，会说话并不等于多说话，主动说话也并不意味着就拥有主动权，有时候越主动反而越被动，最典型的场景就是在职场中跟领导谈升职加薪的时候。

升职加薪是每个职场人的追求目标。但在职场中，很多人一谈升职就怯场，一谈加薪就泄气，甚至有的人几乎从来没有跟老板提过升职加薪的要求，永远只会老老实实闷头工作。如果你安于现状、易于满足也罢，但你真的甘心一辈子就这样了吗？我相信没人愿意。

其实，跟领导优雅地谈升职加薪并没有想象中那么难，只要你掌握三个层面的技巧，并灵活运用到你的职场中，你就能获得你想要的。

战略层面：把自己和公司利益绑在一起

不敢和领导提升职加薪，究其原因不外乎这几个方面的因素影响：一是担心谈不成会给领导留下贪心、事儿多的印象，影响以后的处境；二是认为自己处于弱势，谈升职加薪就是故意在给公司出难题，在制造麻烦；三是不认可自己的能力，觉得自己不配升职加薪；还有一个原因，也是大多数职场人都存在的问题——缺乏谈升职加薪的经验。

如果你存在这些问题，那就要先转变自己的思维模式了。要想升职加薪成功，那你的思维就要从“弱势型员工思维”转变为“成长型员工思维”。

这两种思维有什么不同呢？我们先来看一个例子。

小张和小王都是公司新人，两个人大学毕业后都被公司录用了。第一个月，两人同时接到了一项临时的工作任务，小张心里想：“这个项目不在我原定的工作范围内啊，我一个月才四千多块钱，却让我干这么多附加工作，不是欺负新人嘛！这是在压榨剥削我，真让人生气！”

可小王却觉得："我刚来一个月，领导就把新任务交给我，明显是信任我的能力，要给我挑战的机会！看来老板很看重我，是有意在培养我，真让人开心！"

很明显，小张始终把自己当作与领导对立的"弱势者"，觉得多干活就是被欺负，这是典型的"弱势型员工思维"。而小王恰恰相反，他将所有的工作都看作是挑战，是自己成长的阶梯，这就是典型的"成长型员工思维"。

"弱势型员工"的关注点是"别人怎么对待我"，看到的都是消极层面。而"成长型员工"的关注点是"我如何才能更快成长"，看到的都是积极层面。在职场中，要想升职加薪成功，就得像小王那样从思维上彻底转变，把自己和公司的利益捆绑在一起，才能成功说服你的领导。因为领导首先要确认，他确实需要你。

问大家一个问题——你知道你的薪资是谁决定的吗？是老板、直属领导，还是人力资源总监？都不是，你的薪资由你自己决定，取决于你的学历、工作经验以及能力，但最终决定你薪资多少的是，你能为公司创造多少价值。

如果你的学历一般，工作经验不够，能力不突出，那么这个时候去谈升职加薪估计都会无功而返，因为这时的你还没有资本。所以，你一定要让你的个人成就走在薪资的前面，这样你去跟老板谈升职加薪时才更有主动权。要知道，在职场中，比升职加薪更重要的，永远是你的个人成长。

战术层面：数据和底气是你的制胜武器

"升职"和"加薪"不是对等的，升职有可能会加薪，但是加薪未必就会升职。加薪意味着你将要承担更多的工作量，面对更高要求的考核，而升职则意味着你将要帮助公司解决更多的问题，承担更多的责任，所以跟老板谈之前，你要先明白，自己是想升职还是想加薪，或者是想两全其美。这样，你才能锁定目标，找到谈话重点。

但是，要谈成功，你还需要两个制胜武器——数据和底气。

谈升职加薪的时候，业绩是绕不开的话题，这也是老板给你升职加薪最重要的依据和参考。因此，业绩就是你最重要的谈判筹码。而业绩最重要的支撑就是数据。比如，你完成了多少项目，每个项目花费了多少时间，为公司带来了怎样的价值，以及和其他员工相比，你的优势是什么。

当领导一目了然地看到你一年的工作成果，当然不会轻易拒绝你的升职加薪要求。

而底气，是你对自己的能力和价值深信不疑。你相信，自己一旦升职加薪，就能为公司创造更多的可能。比如，如果你想从普通员工晋升为副经理，那么你就要告诉领导，升职之后你的人脉、资源、能力会加倍转换为收益，然后详细描述你对未来的计划，让领导看到可能性。

话术层面：知道什么时候该说，什么时候闭嘴

要求升职加薪不是打仗，更不是谈判，而是谈合作，与领导商谈继续合作的条件和可能性。所以，你说出口的话让人感觉到的舒服程度，就是你在职场中所能抵达的高度了。那要怎样谈才能让双方都舒服自在呢？

把领导当成合作伙伴，态度不卑不亢，即便对方很厉害、很

强势，你也不要表现得过于迎合和谦卑。因为你已经具备战略和战术，并且拥有“数据”和“底气”两大武器。接下来，只需要掌握话术技巧即可。

话术一：约时间

升职加薪对你和公司都不是小事，所以一定要认真对待每一步，不要觉得领导今天不忙，你就马上溜着墙根过去敲门，万一对方五分钟后要开会，而你根本不可能在五分钟内表达完所有呢？

当然，我也不建议用约领导吃饭的方式去谈，这是上不了台面的老套行为。最妥当的方式是怎样的呢？你可以先发信息给领导：“打扰了，您这两天有空吗？我想占用您大概二十分钟的时间，单独和您谈谈。”

这句话中有几个关键点：

“这两天有空吗？”是在告诉领导，你不会占用他的工作时间，也不会贸然打扰他，是尊重他的表现。

“我想占用您大概二十分钟时间。”表示这件事不大不小，但需要认真对待，会让领导对这件事的重要性有心理预期，也给对方留下空间去思考哪天更合适。

“单独和您谈谈。”表示这件事很私密，不希望有第三人在场。

如果领导正好不忙，他可能会说：“要不你现在来我办公室谈谈？”如果他比较忙，就会和你再约时间。如果他含糊地说：“好的，改天吧。”那你可以追问一句：“要不下周？您大概周几方便呢？就占用您二十分钟时间。”记住，你的目的是找领导谈升职加薪，所以无论如何都要先约时间。

话术二：开门见山

见到领导后，先简单寒暄两句，可以夸他办公室的绿植，夸挂在墙上的字画，或者办公室的布置，等等。寒暄和赞美会让气氛变得轻松一点，接下来，你就可以开门见山直奔主题了。

首先，以自己的角度开场："领导，关于我的薪资，我始终有一点疑惑，我不想闷在心里，所以想跟您聊聊。"或者说："领导，关于我的职位，我有一个想法，您听听看，我说的是否可行。"然后大大方方亮出数据和底气。

话术三：留有余地

会说话的高阶境界是懂得说话"留白"，知道什么时候该说话，什么时候该闭嘴。提出需求，表达目的之后，不要急于催促领导表态，给他一点时间，或许他需要和其他高层商量，所以不要立刻追问。

你可以说："领导，这些是我内心的真实想法，感谢您今天愿意花时间听我说，辛苦您考虑考虑吧，我等您答复。"随后，你就可以优雅离场了。

千万不要说"您要是不同意，我会很失望的"这种话，这是一种变相威胁。真正的智者从不说狠话。

成为老板之前，我也是一名普通员工，但在成为老板之后，我才更清楚地知道，一个优秀员工究竟是什么样的。所以，我经常对我的员工说："当你进入一家公司后，要经常想想，等我离开这家公司的时候，能从这里带走什么。我希望大家带走的是你自己看得见的成长！真正聪明的员工会把公司当成学校，把工资当成奖学金，本领学到自己身上，才会成为一辈子令你受益的财富。"这句话也分享给大家。

♫ 好声音练习室

练习课1　在话筒前大方地说话

很多人不敢在话筒前说话，或者因为不够自信，或者因为觉得自己的声音不好听，无法驯服眼前的麦克风，担心自己会露怯出丑。

在话筒前应该怎么说，才显得大方得体呢？可以通过五步训练法：

一、嘴巴与话筒形成四十五度角

说话的时候，身体不要过分僵硬。正确的做法是根据情感和内容不断微微调整你的语调，时刻保持和麦克风之间的四十五度角，这样才能保证最好的声音状态。有经验的演讲者，会让麦克风与自己形成一个整体。

二、嘴巴距离话筒一个拳头

说到动情处的时候，有的人往往会忘记控制自己的身体，不自觉地向麦克风靠近，不注意就会喷麦或发出杂音，因此要时刻提醒自己保持距离。

三、通过话筒呼吸法避免杂音

在话筒前如果不注意呼吸，就会把一些不必要的杂音通过麦克风传出去。正确的做法是用鼻子吸气，用嘴巴呼气。用鼻子吸气可以化解焦虑和紧张，平复情绪。做到吸气无声，气口不乱，你的讲话就会更加沉稳自信。

四、说话的重音尽可能少而精

说话最能体现什么是“少即是多”，如果处处都是重音，什么都要强调，那就等于根本没有重点。所以，没有重音或是重音太多都是错误的表现，尽可能把每个重音都放在真正需要的地方。

五、学会用停顿控制节奏

那些有经验的演讲者经常会在一些地方停顿两秒，给观众留出思考或鼓掌的时间，而停顿也是演讲过程中用来控制节奏和调动气氛的好方法，能展现给观众一种不疾不徐的魅力。

练习课2　让声音松弛自然的小练习

声音松弛的关键是“松下巴”。我们说话的时候，各个发音器官需要有紧有松的配合，比如用腹部呼吸时，小腹应该收紧；在吐字发音时，软腭要保持紧张感，挺起来；在发ne、le、da、ta这些音的时候，舌尖更有力度；在发ge、ke、he这些音的时候，就需要舌根更有力度。无论发什么音，下巴都不能过于紧绷，否则就会给人一种下兜齿的感觉。

希望在不久的将来，你也能拥有好声音。

进阶篇

自信表达，让你在沟通中从容做自己

我曾应邀担任过中央电视台《购时尚》节目的特约心理专家，帮助那些不自信的人通过时尚来重塑自我、建立自信，进而改变人生。

在节目中，我总看到一些明明长相身材都很不错，穿着打扮却总是出错的女嘉宾。她们中的有些人不乏高学历、高收入，但无论她们怎么优秀、事业如何出色，都依然无法摆脱不自信的内心阴影。这种在人前既输气场又输阵的不自信，尤其会表现在说话这件事上。

她那么好，为什么那么不自信

给我印象最深的一个女孩，参加节目时刚满三十岁，在一家上市公司工作，年薪百万，身高一米七二，皮肤白净，长相十分秀气。自身条件非常出众的她却穿得非常保守老气，还有些驼背。她一开口说话，我就能明显感觉到她的紧张和不自信。

节目有一个特别设计的环节——让选手们与生活“断舍离”，主动扔掉一件自己的物品，并讲述物品背后的故事。讲完后，主持人高博会让选手跟物品做一个告别，然后用一个巨大的风筒把它吹走。

女孩选择的是一把剪刀。开始时，她紧握着剪刀沉默不语，过了一会儿，她的情绪突然像洪水暴发，蹲在地上大哭了起来。当时，节目录制现场的气氛都凝固了。作为节目的心理点评专家，我走过去轻轻地拍着她的后背，帮助她纾解情绪。她内心的防线开始松动了，主动跟我们讲述了她妈妈的故事。

她说妈妈在她十六岁那年就去世了，但是她十岁之前关于妈妈的记忆，全都是紧张的、焦虑的。妈妈从小对她要求极为严格，不让她穿裙子，不让她扎辫子，总说女孩子最重要的是学习，不要搞那些乱七八糟的。在她的印象中，妈妈很少对她笑，除了狠抓她的学习，几乎很少跟她交流。月经初潮的时候，她甚至都不敢告诉妈妈。这把剪刀就是妈妈用来给她剪头发的，上大学之前，妈妈总是把她的头发剪得像个假小子。面对这把剪刀，她的思绪翻涌，感情非常复杂，她恨这把剪刀，更恨妈妈，可是，这把剪刀又寄托着她对妈妈的思念，她十分想念妈妈。

在我的心理疏导下，她的情绪得到了缓解，也在内心里跟去世的妈妈和解了。但她的一段内心剖白给我留下了极为深刻的印象。她说："我特别害怕别人否定我，因为在我看来，别人否定我就是讨厌我，讨厌我就会攻击我。但是我的身边没有一个人可以保护我。我每天都在想怎么做才能够让老师喜欢我，所以，我刻苦上进，努力取得好成绩。我时时刻刻总担心同学们不喜欢我，所以内心里总在想怎么能够让同学们不欺负我，那我必须得让他们觉得我是一个有价值的人，他们可以从我这里获得有价值的东西，我甚至主动讨好他们。而我自己是不是生气了？是不是累了？是不是受委屈了？是不是对谁愤怒了？……这些我从来都不敢表达。"

多年心理领域的工作经验告诉我，人这一生其实就是认识自己、接纳自己、满足自己的一个过程。但是有些人认识了很多人，却唯独不认识自己，因为他们总是从别人的眼光中去寻找自己，就像这个那么优秀却又那么焦虑自卑的女孩。

“我要假装自己很好，否则别人就会不喜欢我。”——这种内在的声音其实是一种自我攻击，它困住了很多人。这种“让别人以为我很好很强大”的低自尊心理源自你童年时和养育者的关系模式。

一个内心强大的人，是敢于表达自己的真实感受和情绪的。因为当他们还是婴幼儿的时候，他们的每次哭闹都得到了及时安抚，每个心理需求都得到了及时回应和满足——假如你饿了，妈妈会迅速跑过来安抚你说：“宝宝不哭，妈妈这就给你去做好吃的。”假如你不开心了，妈妈立马亲亲抱抱举高高：“宝宝你为什么不开心了？妈妈哄哄你。”所以，那些被充分的爱滋养着长大的孩子，都敢于做最真实的自己。

但是，如果妈妈非但没有及时回应你的情感和情绪，反而总是一脸不高兴，于是你不得不反过来经常观察妈妈的情绪——妈妈是不是不高兴啦？是因为我不够乖吗？我是不是要尽量表现得再乖一点？如果她这会儿是高兴的，那我就稍稍表达一下自己。如果她这会儿情绪不好，那我饿了也得忍着，不高兴了也要装得特别开心，因为只有这样，妈妈才不会讨厌我。

著名心理学家温尼科特说：“在这样一种状态下生存的我们就会形成一个虚假自体，真实的自己是不允许表达出来的，真实的那一部分就会变得越来越弱小，委屈和愤怒会占据我们的心，这种情感会伴随影响我们一生，长大后的个体就是极为不自信的。”

自信的前提是，学会真实地表达自我

内心坚定的自信来源于一次又一次的尝试，一声又一声的鼓励，一回又一回的坚持，一点又一点的成功。一个人在成长的道路上，一定有过无数次的尝试，比如第一次学走路，第一次拿勺子自主吃饭，第一次系鞋带，等等。

但是，当你鼓起勇气尝试着抬脚走路，结果“啪”的一声摔倒在地时，一旁的爸爸数落你说：“你看，你怎么这么笨呢？”

当你学着大人的样子拿起勺子尝试着自己吃东西，结果“哗啦”洒了一身时，妈妈斥责你说：“你这孩子又闯祸了，快别吃了，衣服脏了我还得给你洗，还是我喂你吧。”

当你第一次尝试自己系鞋带却没系好时，妈妈责怪说：“马上要迟到了，怎么这么磨磨蹭蹭的？！行了行了，我来帮你系。”

……

当你的尝试一次又一次被打断、被阻止后，你潜意识里就会形成这样一个观念——“尝试新事物时犯错是不能接受的，是会惹麻烦的。”甚至更糟糕地认为“啥事情都做不好，我就是个麻烦”。于是，不自信的阴影从此就找上门来，深深地根植于你的潜意识中，让你如井底之蛙一般故步自封，不敢尝试，却又无意识地在内心里否定自己、怀疑自己，陷入自卑的泥潭，看不到自己的价值。

如果真实的那个你从来都没有机会表达出来，那你的生活会怎样呢？你会很难跟人建立真正的亲密关系，因为这样的你是极不自信的，也从来不敢表达自己真实的感受，习惯于将自己的坏情绪隐藏起来。即便进入了一段亲密关系中，你也会戴着面具生活，假装坚强，假装一切都很好很稳定，让你的另一半完全感觉不到真实的你。

但是，情绪和感受是压抑不住的，它也不可能平白无故消失，只是被你自欺欺人地掩藏了起来。被压抑得久了，它就会想方设法找到一个出口发泄出来，所以，你常常会突然将情绪爆发在你最亲近的人面前，要么不表达，一表达就是找碴，搞得别人无所适从，不明白为什么别人面前温和恭顺的你，面对家人时情绪管理能力这么糟糕，动不动就不高兴，动不动就黑脸、赌气。跟你生活在一起，他们感觉心很累。

而你自己呢，也变成了一个完全没有自我的人，你的内心秩序混乱而疲惫，你就像一匹被拴在木桩上永远绕着一个圆圈不停奔跑的小马，而你的心，最终会累到能量完全耗尽。

越是不自信的人，越习惯说三句话

生活中，每个人都有自己的口头禅。那些未经大脑思考就脱口而出的话语，其实是心理的一种投射，潜藏着你内心真实的想法。心理学研究表明，每个人的说话动机都与其内心有着密切的关联，但凡不自信的人，总会在不经意间说出这三句话：

一、“我不够好”

经常说“我不够好”这句话，或许是出于中国式的“谦虚”，但这样的负面暗示只会让我们真的觉得自己很糟糕。一个人的能力包含显性能力和隐性能力，显性能力是看得见的，比如绘画、写作等等；而隐性能力是看不见的，也就是我们通常所说的“潜能”。

“水激石则鸣，人激志则宏”，人的潜能是无限的，是需要被激发的，你越是相信自己的能力，就越能获得自己想要的。相反，你越是否定自己，认为自己一无是处，就越会暴露你内心的不自信，你的潜能也不可能被激发出来。所以，要想真正自信起来，就要从改掉“我不够好”的口头禅开始。

二、“某某说过”

自信的人无论是语言表达还是肢体动作都散发着自信的光彩，他们在谈论一件事时，倾向于用自己的陈述和思考来印证和总结自己的观点；但是不自信的人往往不坚信自己的观点，更害怕表达出来，所以，他们每次表达之前都要加一句“某某说过”来避开责任。但是，当你避开话题责任的时候，其实也放弃了在沟通中自信表达、从容做自己的成长机会，并逐渐沦为说话态度犹疑、没有自己独立思考又惧怕权威的人。

三、“可能是吧”

心理学发现，不自信的人说话的语气大多不确定，也害怕在公共场合表达自己的观点，只想在人群里当一个“小透明”，把自己隐藏起来。所以，每当别人问及自己的想法时，他们的回应常常是“可能是吧”“哦……那也许吧”。你以为这是随和的一种体现，其实这是把自己的喜好以及真实想法隐藏了，是对自我感受的忽视，更是对自己权利的放弃。久而久之，你不仅失去了自己的话语权，还习惯于人云亦云，渐渐地，你就真的变成了人群中的“小透明”，没人会在意你、重视你。

从不自信到自信，你只差四个步骤

我每周都会在我的视频号“我是青音”做直播。由于直播间的观看量和流量都很大，每次直播的时候，总会有一些莫名其妙的“黑粉”跑到直播间里污言秽语、出言不逊。每当这时候，我不会装作视而不见，假装对任何人都温柔宽容，而是用文明礼貌但又强有力的话怼回去，与此同时，直接拉黑对方。

我是个活生生的、有所思有所感的人，这些污言秽语影响了我的心情，给我带来了负面的感受。假如我没有及时将自己的真实感受表达出来，而是顾及公众人物的所谓完美形象装作什么事都没发生，久而久之，负面情绪在我心里压抑、累积得久了，我可能会对直播这件事彻底失去兴趣和热情。所以，保护自己情绪的最好办法就是——给情绪一个出口，真实表达出来。

后来我发现，每一次当我优雅地回怼之后，直播间里的留言区都会有人说：“青音姐，你真是个真性情的人，看你直接怼人，我的心里一下子感到好放松啊。谢谢你，以后我也要让自己活得真实一点。”

著名心理学家阿德勒曾说过，每个人都可能自卑，而自信是伴随我们自卑情绪的克服一步步成长起来的。这就说明，自信并不一定是天生的，当我们把修炼自信作为长期自我建设的一个过程，我们就会发现，自己变得越来越自信了。那生活中，我们要如何来修炼自信呢？

一、请马上停止内心对自己的评判和攻击

一见到领导，你表面上打个招呼问声好，结果一转头就在心里骂自己：“瞧我那个点头哈腰的德行！”

跟同事有了误会，被对方的话噎着了，自己完全僵住不知道该如何怼回去，左思右想觉得憋屈，于是在心里骂自己：“我怎么这么窝囊，这么没骨气啊？！”

被当众点名发言，你战战兢兢几句话说完，却又在心里开始骂自己：“太丢人了，真尴尬，真恨不得找个地缝钻进去！”

如果你希望重新建立自信，那么请你，立刻！马上！当即！停止以上的自我评判和自我攻击！

在霍金斯的心理能量层级图谱中，内疚感和羞耻感是能量层级最低的两种情感。而不停地自我攻击就是在不断地制造“自己处处不如人”的羞耻感。无法停止的自我攻击，会让你长期深陷于内疚感、羞愧感的泥潭中，耗尽自己的心理能量，从而让抑郁症找上门。可以说，自我攻击无异于慢性自杀。

“Better更好学苑”是我创立的一个“大众情感心理养成教育”平台和为“情感疏压陪护社会工作者”开展培训的平台。课堂上，我就经常跟学员们讲：“你只有觉得自己好，你才会更好！”

懂得接纳自己、欣赏自己，我们才会成长为更好的自己。

二、学会和父母“分离”

在心理安全感建构的过程中，跟父母进行心理上的分离是我们这一生非常重要，并且贯穿了我们整个人生的课题。而你能不能够建立真正的自信，很大程度上取决于你和父母“分离”得彻不彻底。

我主讲的心理课中，报名参加“关于和原生家庭和解”课程的学员是最多的。生活中，绝大部分人会把和解理解为“和好”，其实，真正的和解是我们要和父母、和原生家庭完成在精神上的分离——你要彻底脱离父母的控制和影响，作为一个独立的人慢慢融入这个社会，有自己独立的生活圈和生活追求，并且要为自己的人生真正负起责任。只有完成了这个自我分离的过程，才算是真正和父母“分离”了。也只有这样，你和父母之间的关系才能真正实现“和解”。

我常说：“一个人前半生的命运是由原生家庭决定的，但是他后半生的命运则是自己决定的。”

从来就没有完美的父母，但是可以有强大的你。你越早跟父母做好心理上的“分离”，明白父母是父母，自己是自己，父母和自己都需要有自己的生活，不存在谁控制谁，也不需要为对方承担责任，更不需要为对方的情绪买单，那你就越早能掌控自己的人生，活出全新的自己。

我是我自己的，我要为自己负责——这是我们成年后建立强大自信的核心。

三、学会把“自己”和“自己做的事情”分开

在工作中，假如你的方案被领导否定了。面对领导的指责和批评，你是感觉到自己很差劲，还是感觉到自己做的事情很差劲呢？

其实，这也是自信的人和不自信的人之间的区别——自信的人会觉得“我只是这件事没做好，但并不代表我所有的事都做不好”；而不自信的人会认为，别人的批评和拒绝就是对自己整个人的否定。

这也就是为什么同样是失恋，有些人情绪低落一段时间之后就能够走出来，因为他清楚地知道，自己只是结束了一段感情而已，而且这一切不是自己做错了什么，只是两个人不适合；而有些人一旦遭遇失恋或失婚的打击，就会格外地难以承受，仿佛自己整个人都被拒绝和否定了，而且会把一切责任归咎于自己——要么是自己太蠢被人欺骗，要么是自己太傻不懂珍惜。他们过分地夸大这段逝去的感情对人生的意义，只因他们把自己的价值完全寄托于一份感情之上，而丢失了自己。

把“自己”和“自己做的事情”分开，是一种成长，更是一种思维训练。因此，当你遭遇挫折和失败时，请把“是我不好”

替换成“是我这件事没做好”；也请把“都是我的错”替换成“是我这件事的处理方式有问题”。当你学会了“对事不对人”的人生态度，你就会更加理性成熟且客观地看待自己，而且能最大限度地阻止自我攻击在心里产生。

四、学会接纳不能改变的，完善能改变的

尼克·胡哲天生没有四肢，却成为“走”遍世界的励志演讲大师。他能笑对与生俱来的身体残缺，并绽放出惊人的生命光彩，究其原因是，他足够接纳自己。真正的自我接纳是什么呢？是我们能够真实地面对自己的一切不完美，接受那些不能改变的，努力改变那些能够被改变的。

让你的自信表达形成“肌肉记忆”

说话乐观自信的人，给人的感觉是坦然、冷静、沉着、说话有观点、思维有条理。他们一开口就能感染人、打动人，而且很容易就能获得别人的信服，给别人带去美好的期望和信心。谁不想拥有这样的表达力呢？

说话不自信，一方面和心理有关，另一方面就是你练得太少了，很少主动创造当众发言的机会。因此，你需要多多训练自己，就像做操那样，让你的自信表达也能形成“肌肉记忆”。怎样训练自己的表达力呢？

一、克服当众表达的恐惧心理——别给自己加内心戏，没那么多人在意你

大部分不敢当众说话的人，都是由于对说话这件事有着强烈的恐惧，而恐惧的根源在于——怕出丑，怕被人笑话。其实，这是一种自恋心理，总觉得自己时刻被关注着，总觉得有人在拿着放大镜找自己的缺点，一找到机会就会嘲笑自己。

我在中央人民广播电台上班的时候，曾经出过一件自以为很糗的糗事。有一天上班快迟到了，我急急忙忙套了双鞋就出门了。到办公室我才发现，自己一只脚穿着黑色的鞋，一只脚穿着咖啡色的鞋。那一天，我都在坐立不安中度过，生怕别人看到而笑话我。可事实上，一整天过去了，并没有人注意到我的窘样。快下班时，我实在忍不住了，一边哈哈笑着，一边跟同事说了我早上的糗事，大家这才看到我的鞋子，哄堂大笑起来。

这件事让我明白——真没有那么多人关注你，因为大多数情况下，他们没工夫瞧你；也没有谁瞧不起你，因为别人可能根本就没有瞧你。

所以，放轻松，别在心里给自己加戏吓唬自己。有话你就好好说、慢慢说，没那么多人在意你。

二、说话前先放松自己

人一紧张，嗓子眼儿就发紧，进而气息就不流畅了，说话声音也不自然了。你整个人的状态都在告诉别人："我紧张，我不自信。"

这时候，请先慢慢深呼吸，然后对照"闻花香"和"腹式呼吸"的技巧，让自己平静和放松下来。在放松的状态下，我们才能够冷静地思考，也才能更清楚地表达自己。

放松，你没问题！

三、学会用"三段式"来表达"排兵布阵"

我们在做英语阅读理解题时，会发现那些文章都非常有条理，常常是我们只要读了每一个段落的开头句子，就能基本明白这篇文章说的是什么。其实，把我们要表达的内容进行这样有逻辑有条理的“编排”，也能让我们更加自信地表达。

尝试把自己要说出口的话，用“第一，第二，第三”来做梳理，或者是用“首先，其次，最后”来做“三段式”陈述。当你在大脑中构思好了你要说的话的提纲和段落大意，那么，你表达的时候就会有条不紊地娓娓道来了。

胸有成竹的样子，当然很自信！

四、学会用“我”来作为主语

表达观点的时候，请用“我认为”“我感觉”“我想要”来进行陈述，而不再是“我老师说……”“我老板说……”“我老妈说……”。当你敢于在众人面前表达自我的内在真实，并且主动地承担起说话的责任，不再把自己的感受包裹起来，假装一团和气，也不再将自己置身事外，你才会被更多的人“听到”和“看见”。被听见、被看到，这也是你自信表达的动力所在。

五、学会说话给自己“留缝”

做人做事要学会给自己和别人留有余地，说话也一样。生活中，那些总把话说得特别满或者是过于绝对的人，其实并不真的招人喜欢，反而给人浮夸不靠谱或者是过于自负的感觉。

说话接近尾声时，你可以补充一句“留有余地和缝隙”的话，以退为进的态度会显得你落落大方又不咄咄逼人。例如：

“以上只是我的个人观点，或许并不全面，仅供大家参考，有不对的地方欢迎大家指出。”

“我以上的话就作为抛砖引玉吧，初来乍到，经验欠缺，刚才说的有不到位的地方，还请大家多包涵。”

“我的看法也不是真理，不见得都对，只是我自己的一点拙见和思考，希望对大家有用。”

情商高的人都是沟通表达的高手。乐观自信就是高情商的一种体现。而一切沟通的基础，都离不开真诚和真心。只要你是发自内心且充满善意地表达真实的自我，那你说话的气质里就一定有着非凡的自信和魅力。

最高级的沟通是，让对方在你面前做自己

在访谈节目《十三邀》里，许知远犀利地问俞飞鸿："你四十六岁在等待一个男人，是什么心情？"

俞飞鸿笑着说："并没有，女人应该学着自己去生活。"

这样简简单单的一句回答，彰显了俞飞鸿非凡的语言魅力：优雅从容，坚定自信。

面对这样的刁钻问题时，有多少人能做到不怒不愠？估计大多数人都会觉得自尊被冒犯，更别说优雅而有力量地进行回击了。从心理学角度来分析，一个人自尊心过强，讲话没有魅力，很大程度上跟他内心深处的"存在焦虑"有关。

"存在焦虑"在心理学领域是由"死亡焦虑"衍生出来的一个概念，是指个体察觉到自己的生存状态和生存价值面临威胁时产生的一种痛苦的情感体验。在心理学看来，这是一种非常主观的感受，并非现实。比如，我们对衰老的恐慌、对身材的不自信，以及担心自己不被人喜欢和接纳的恐惧。这些心理都会影响我们与人交流互动时的心态和状态。

一个人的价值和魅力，与年龄无关

我们常常主观地认为，衰老会威胁到我们人生的方方面面，

比如财富、名誉、地位、机会，我们忍不住暗自悲怜——“如果有一天我老了，我将魅力尽失，原本爱我的人也将远离我，因此，老等于失去一切！”我们越想越害怕，越想越担心，越想越焦虑。衰老仿佛是一个巨大的黑洞，会吞噬我们的一切，包括我们的青春、我们的健康、我们的魅力、我们的爱，等等。内在的匮乏，带来的是低自尊和低价值感的自我设限。

但事实真的是这样吗？我们总习惯于从外在寻找自我价值感。可是，真正的价值感其实根源于我们的内心。

美国有一位家喻户晓的“摩西奶奶”，她是典型的大器晚成，晚年成了美国著名的、最多产的原始派画家之一。她本是一个农场工人，喜欢刺绣，题材大多是乡村景色。七十六岁时因关节炎不得不放弃刺绣，开始绘画。八十岁时在纽约举办个展，引起轰动。在之后多年的绘画生涯中，她共创作了一千六百幅作品，并在世界各地的博物馆展出。1961年12月13日，画家“摩西奶奶”去世，终年一百零一岁。

在绘制梦幻的生活中，“摩西奶奶”的灵魂从未苍老，她曾说：“做你喜欢做的事，上帝会高兴地帮你打开成功之门，哪怕你现在已经八十岁了。”所以，面对衰老和死亡时，“摩西奶奶”的内心是知足平静的。

富兰克林说：“有的人二十五岁就死了，只是到七十五岁才埋葬。”“摩西奶奶”活到八十岁，人生才热烈地绽放出光彩。她用她的人生经历告诉我们——一个人的价值和魅力，与年龄无关。

正如我们前面提到的俞飞鸿，假如她没有坦然地接受自己四十六岁开始初老的事实，而是对衰老和孤独表现出恐惧，那她又怎么可能回击得如此睿智而有魅力呢？

苛刻挑剔不服输，语言风格也是强势的

除了害怕衰老，存在焦虑还跟竞争有关。

我曾看到过一篇关于演员汤唯的采访。当时年近四十的汤唯纯素颜直面镜头，大方展现自己的法令纹、眼袋、色斑，笑容却非常灿烂，富有感染力。她说，由于自己的演艺之路并非一帆风顺，外貌也不是最占优势的那一个，于是她就养成了不争不抢、不疾不徐的个性。她的人生信条是“不争，也有你的世界”。

反观我们身边的很多女性朋友，她们的内心和潜意识里多多少少有一些“争胜心”，怕输，怕被比下去，怕被别人抢走机会，更害怕失去。

“别低头，王冠会掉；别流泪，敌人会笑。”“男人都喜欢年轻漂亮的。”“年轻才有竞争力。”……这些自我加压的心理暗示看上去是自我精进，其实是自我挫败，把假想出来的别人的标准和要求当成催己奋进的小鞭子，不断敲打、催促着自己去竞争，一定要赢！

其实，我们的生命里哪有那么多的观众和敌人！很多“敌人”和“观众”也只是你我的想象，是假想出来的而已！

那些生怕输掉的焦虑的声音，不是所谓的观众给的，而是我们内心对自己的苛责和不满——仿佛只有赢了别人，自己才值得被爱。我们太不喜欢满身都是缺点的自己了，每长出一条皱纹，每增加一克体重，我们都会失望、害怕、焦虑。

风格即人，对己苛刻、对外不服输的性格，其语言风格也是强势的。所以，爱争输赢的人，说话时也会自带“招人烦”的气场。谁会喜欢跟凡事都喜欢压人一头，定要争个高下的人沟通互动呢？

总担心自己不被接纳，别人又怎会接纳你

社会认同，顾名思义，就是让社会认可你、接纳你。

从小到大，我们都被教育着要适应社会。接受社会的普遍规则并顺应规则的过程，是一个人社会化的过程。而一个过度社会化、过分追求社会认同的人是什么样的呢？他们热衷于为他人和社会服务，过分追求社会主流意见和价值观的认同，表面上是为了合群，但潜意识里表达的是“讨好”。

过度社会化的最大特征是过于服从权威、组织，或仰慕成功人士，并易流于人云亦云，且名利心较重。比如，看上去很世故的人往往都比较势利，由于他们的自我价值感低，还特别容易拉帮结派形成小团体。

如果你是一个对社会认同特别在意的人，特别爱用所谓的主流观念来评价和衡量自己，那么很遗憾，你很容易会被当作“小透明”，因为你怕掉队、怕跟大多数人不一样，那么在很多需要表达自己的场合，你往往会成为最容易被忽略掉的那个人。

而与此形成鲜明对比的是，那些大胆做自己、从来不在意他人是否喜欢和接纳自己的人，他们的一言一行、一招一式都充满了迷人的个性魅力。比如王菲，人生选择从不按常理出牌，不管别人怎么想、大多数人怎么做，她始终知道自己想要什么，并且大胆选择自己内心所想的。之前，她登上《幻乐之城》的舞台，网友们都炸了，都说将近五十岁的王菲怎么还少女感十足？我想，这是因为王菲早已把世人的眼光抛到了九霄云外，你骂我也好，不赞成我的做法也罢，可是这和我有什么关系呢？世间个性千千万，为何一定要按别人的标准来过自己的生活？

因此，王菲在接受采访时的那句“我最大的烦恼就是太红了”，也成了内心自信坦然又勇敢的魅力宣言。

语言魅力源于个性魅力，但事实上，一个人的个性也可以通过其语言风格来重新塑造。

你的表达魅力，就是你自己的魅力

专注聆听型沟通：善于沟通者都善于聆听

很多人误以为，沟通的时候，特别会说、特别能说才会吸引大家的关注，才是一个人有魅力的表现。但事实并非如此。

一位与比尔·盖茨密切合作多年的高管曾说："大多数人认为有魅力的人是那种充满英雄气概，个性夸张而鲜明，一切在其控制之中的人物。但不摆架子的外表、略显瘦弱的身材以及书呆子似的长相依然没有阻止比尔成为掌控大局的人物。如果'走过之处万众瞩目'是你对魅力的定义，那么比尔无疑是极具魅力的。如果那种吸引人、使人想听你的见解的特质就是魅力的话，那么比尔闪耀着魅力。"

魅力的表现形式有很多种。

董卿在主持央视节目《开学第一课》时，第一集邀请的嘉宾是著名翻译家许渊冲老先生。面对满身荣耀、德高望重的许老时，董卿以跪地的身姿，附耳提问，专注倾听。尽管节目中董卿说得少听得多，但专注聆听的那一幕并不妨碍董卿成为瞩目的焦点，网友们盛赞她"跪出了最美的中华骄傲"。

专注聆听型的人最大的特点是说得少，但是很善于听。这也是他们的魅力所在——言谈话语间表现出的尊重，会让对方感觉良好。

常言道：上帝给你一张嘴、两只耳朵，就是为了让你更多地去聆听。要真正成为一个懂沟通、善沟通的高手，学会专注地聆听非常重要。因为每个人都希望表达自己，都希望别人听懂自己，恰恰忽略了如何去聆听。而你专注聆听的样子，会让对方觉得自己的想法得到了重视，即便他的地位、身份、学识、能力远不如你，他也会觉得自己的表达是被接纳、被尊重的。这样的对话带给人的感觉怎么会不美妙呢？

别小看了聆听的魅力，它的力量出奇强大！而且，这是最容易培养和训练的语言风格之一。

如何培养专注聆听型的语言魅力呢？

减少不必要的肢体动作。在听对方讲话的时候，尽可能少去跷二郎腿、抖腿、耸肩、摸鼻子、看手机等，让自己始终保持安静，眼神专注，并全神贯注地投入跟对方的交谈中。

多采用谈话中的“确认技术”和“提问技术”推动话题。例如，当对方讲完一段话，你可以追问说：“所以你刚才的意思是……”把对方刚才讲的内容进行归纳总结，再次提炼重点让对方确认，这样做会让对方觉得你真的在认真听。紧接着，再提出一个新的问题：“那么对于……，你是怎么看的呢？”把谈话推动下去。

鼓舞人心型沟通：越自信，沟通越有魅力

我有一位朋友，当年曾在现场听过史蒂夫·乔布斯的演讲，他听完回来跟我分享说：“乔布斯的演讲，讲话是那么的坚定、富有激情，让你的每一个细胞都不自觉地跟着他呐喊：是的！太棒了！我认同！我接受！我也可以！”

史蒂夫·乔布斯在科技领域是如何成为“神”一样的存在的呢？除了苹果系列产品在市场上的卓越表现之外，很大程度上是因为他本人的演讲和表达具有鼓舞人心的魅力。一名记者曾这样形容史蒂夫·乔布斯：“他就像是被救世主般的热情所驱使，人们听他讲话，会感到仿佛他卖的并不是电脑，而是对更好的世界的一个承诺和对美好生活的巨大信心！”

为什么鼓舞人心型的语言风格会有这么大的魔力和影响力呢？因为极度热诚、极度坚定、极度重视、极度笃定的言语风格，会让听者不自觉地被他强大的气场“催眠”，进而感到血压跟着升高、肾上腺素飙升、多巴胺也兴奋了，仿佛自己内心的小火苗被点着了，内心升腾起一股熊熊燃烧的力量，而这股力量仿佛不只是来自演讲者，更来自自己的灵魂最深处。这种内心被别人的言语所震颤的快感，是非常迷人的！

想要获得鼓舞人心型的语言魅力，你需要具备以下几个必不可少的素质：

要有打不垮的自信——你很少自我攻击，从不自我怀疑，坚信自己是有能力实现自己愿景的人，而且你对自己构想的愿景深信不疑！别人的言论、环境的变化、外界的诋毁和质疑丝毫动摇不了你的信心。

要有强大的信念感——信念和现实物质不同，它属于纯精神领域的存在，信念就好比灵魂的火炬和思想的明灯，必须永不熄灭，会熄灭的就不叫信念。比如，当你跟人谈论钱的时候，其实你说的是钱所带来的自由和对家人的关爱；当你谈论产品的时候，你说的是产品会给人们带来美好生活的改变，而不只是其功能——这些被精神化了的感受本身，就是信念。因此，你要具备将现实物质升华为信念的能力，并且用语言将梦想、自由、希望和爱毫不做作地表达出来！

不太在乎是否被人接受和喜欢——内心真正强大的人，从不在意自己是否被更多的人接受，因为他很清楚，只有那些心甘情愿靠近自己的人才能被自己引领。因此，别人喜不喜欢自己、有多少人喜欢自己并不是他所关心的。他们从不讨好任何人，只做好自己！

温柔抱持型沟通：最好的沟通方式是共情

温柔而抱持——这是所有专业的心理咨询师都需要修炼和具备的语言魅力。

“温柔”大家都能理解。“抱持”怎么理解呢？“抱持”是一个心理学概念，由英国心理学家温尼科特提出，是指母亲能满足婴儿早期的各种生理需要。

傅园慧的爸爸就是典型的抱持型父母。

在2019国际泳联世锦赛上，傅园慧50米仰泳无缘决赛，100米仰泳预赛就出局了，很多人质疑她说：“是不是上综艺节目影响了训练？”面对他人的质疑，傅爸连发两条微博力挺女儿：“宝贝，你永远是我们的骄傲。一场比赛算不了什么，带着一身伤病还在努力训练的你是值得被尊重的。”

在傅园慧比赛失利时，傅爸总是第一时间发微博安慰和鼓励。傅园慧说，每次遇到困难，别人都不相信她或者攻击她的时候，这两句话会成为她最重要的力量源泉。所以，面对比赛失利和他人质疑，性格乐观活泼的傅园慧也能泰然处之。

抱持的魅力在于，不管经历什么，都好像始终有一双臂膀，像小时候被妈妈抱着那样，温柔而充满力量。掌握了温柔抱持型语言魅力的人，能够让对方在他面前展露脆弱而不觉羞耻、表现怯懦而不担心被嘲笑，还能够让人不设防地落泪。这样的表达方式带来的是疗愈、抚慰、柔情，让人感受到温暖、支持和肯定。优秀的心理咨询师和足够好的老师、朋友、爱人，都会带给你这样的感受。

温柔抱持型的语言风格比较容易掌握，你只需要以不含私心杂念的耐心和温情来与对方进行对话，那么，你平和又接纳的个性必定会让你圈粉无数。

接触心理学和临床心理咨询之后的十几年里，我也见证着自己语言魅力的提升和待人接物风格的转变。以前的我有点任性，遇到事情容易闷在心里，但是，经过多年的心理学学习和实践，我自己和身边的人都能感受到我的成长和变化——朋友更多了，生活更多彩了，内心更阔达通透了，也更温润有力了。

我能做到，你当然也可以。我是怎么自我成长的呢？

学会全然地自我接纳。虽然这是一本关于沟通和表达的作品，但是字里行间我多次提到“自我接纳”这个非常重要的心理学概念，因为我们的语言和心理是交互影响，甚至是互为镜子的。如果你严苛挑剔，那你的言语风格给人的感觉可能是强硬不柔软，因为你对自己都各种挑剔，对他人也不大可能报以宽容和善意。怎么改变呢？学会全然地自我接纳——接受自己不能改变的，努力完善自己能改变的。

学会把注意力聚焦于他人，而不只是自己。眼中有他人，心里才有爱。因为他能看见别人的辛苦、体会他人的不易，这就具备了高情商沟通的基本功——共情力。而一个计较得失的人，不仅做不到与他人共情，言语间透露出的自私也会十分招人反感。

有看待生活的积极视角。心态消极的人只会跟随他人的不幸一起哀叹，但是，对正身处心灵困境之中的人来说，他们需要的不是哀叹和同情，而是希望。因此，如果你的内心力量不够强大，如果你对美好生活没那么期待，生活也没那么乐观积极，那么，你的语言表达是无法让对方感受到温柔抱持的力量的。

这世间的不幸大抵相似，但这世间美好的人们却大抵相同——他们友善、乐观、赤诚、专注，他们的语言犹如暗夜里的花火，能够点亮心灵！

你愿意成为这样的人吗？

让难以相处的人也喜欢跟你说话

每个人都希望自己和别人的关系和谐又美好。然而，人与人之间的关系，微妙又复杂。如果你碰上的又是一个难以相处的人，关系就更难处理了。

可是，在生活中，我们经常会碰到所谓的“难以相处”的人，他们可能是高傲的、刁蛮强势的，也可能是挑剔的、沉默寡言不爱说话的。如果只是偶然相处也就罢了，问题是很多时候你避无可避，因为他们很有可能是你的同事、家人甚至是伴侣。当你不得不跟他们相处共事的时候，你该怎么艺术地应对呢?

天底下没有不能相处的人，不论你面对的是哪种人，都有相应的相处之道，关键在于你是否进行了仔细的观察和耐心的琢磨。即使你面对的是难以相处的人，只要你摸清了他们难以相处这个行为模式背后的心理，那让他们乐于跟你沟通也不是难事了。

高傲之人：摸准他的软肋，满足他的心理需求

“这些话我懒得跟你说，因为我说了，你这层次也理解不了!”“我不认为你具有跟我讨论这件事的资格。”……在人际交往中，尤其是在职场，很多人都经历过这样的语言暴力，对方傲

慢无理的态度无时无刻不在传递着一种信息——他是天之骄子，而你庸庸碌碌。

没人会喜欢这种高高在上的、不被尊重的沟通氛围。内心不够强大的人，自信心可能会遭受一万点暴击。但是，当你的内心足够强大自信，并在心理上战胜对方，而不是被他的态度戳到，那么，在沟通过程中，你就先赢他一步了。

心理学研究认为，加害者往往也是受害者。那些在行为表现和语言表达上不尊重别人的人，其实，他们曾经也没有被人好好尊重过，也许，他们成长的过程就是被敷衍、被指责、被怠慢、被轻视的过程。长大后，为了维持脆弱的自尊，在与人打交道的时候，他们便用傲慢的表象来武装自己，其实，内心里可能早已千疮百孔，状如“蜂窝”。

一个人越傲慢，他的内在力量就越脆弱和不堪一击。所以，在跟傲慢者沟通交流的时候，你不需要堆砌多么华丽的辞藻，只要摸准他的软肋，满足他的心理需求，你就成功了。具体怎么做呢？尽可能地避开他的“蜂窝”，不留痕迹地帮助他维持其脆弱的自尊。你越维护他，他就越不会伤害你，甚至会慢慢开始喜欢跟你说话。

打动傲慢之人的说话技巧：求助 + 夸赞

英国诗人、小说家托马斯·哈代曾说过：“骄傲的人，往往通过骄傲来掩饰自己的卑怯。”傲慢的人的内心其实是敏感而自卑的，他们生怕别人觉得自己差，于是就先硬摆出过人的能耐，以此在气势上压人一头。

这样的人，我们要如何与之相处呢？从曾国藩的为人处世之道中，我们就能找到答案。

曾国藩被誉为“晚清中兴第一名臣”。自从进入官场，他的仕途就极为顺畅，十年七迁，官至二品。这跟他的高情商密切相关。

和曾国藩同朝为官的左宗棠以“傲”闻名，强势固执又咄咄逼人，很多人见了他都躲得远远的。但是，曾国藩却常常迎“难”而上。

经深入分析，曾国藩发现左宗棠这个人有两个特点：一是自尊心强，二是处处要表现出“我比你强，比你高明”。于是，在和左宗棠相处的过程中，曾国藩对左宗棠非常客气尊重，往来书信中也不吝赞美之词，处处对左宗棠以兄相称，以弟自谦，尽可能地满足他的自尊心。与此同时，不论大事小情，一遇到问题，曾国藩就跑去请教左宗棠。这两招对左宗棠非常有效，在很长一段时间里，他俩都合作得相当愉快，配合得相当默契。

尽管后来两人关系决裂，但曾国藩离世时，左宗棠还送了一副挽联：“谋国之忠，知人之明，自愧不如元辅；同心若金，攻错若石，相期无负生平”，对曾国藩给予了非常高的评价。

能让傲慢的左宗棠折服，曾国藩采取的应对之策很简单，就是夸赞加求助。所以，面对傲慢的人，你可以做的是直接向他求助，找一件他力所能及的事求他帮忙，千万别找那些超出他能力范围的事，那他可是要跟你暴跳如雷的。

举个例子，办公室老王仗着自己在公司待的时间长了，总是倚老卖老，动不动就傲慢地批评新入职的小伙伴这也不懂、那也不会。假如你必须跟他合作，那么，你可以向他请教与公司有关的一些事情，比如公司的发展历史、公司的规章制度等。这些问题对他来说轻而易举就能回答，会助长其自信，这时候，你再趁机多夸夸他：“王老师，您对公司真是了如指掌啊，太厉害了，像您这样有能力，对我们年轻人又这么有耐心的老师，公司要是再多一些就好了！”

这样的话听上去似乎是在“拍马屁”，但对他来说却丝毫不会觉得违和、牵强，因为他确实刚刚帮助了你，坦然接受你的赞美并不过分。

这个技巧对那些在单位地位不高，虚荣心却很强的小人物来说，尤其管用，正因为他是小人物，常常不被当回事，所以他才故意表现出高傲不好接近的样子。如果你不仅把他当成“大人物”，还主动接近他去向他请教，他当然在心里面很快就能接受你，也更愿意跟你说话了。

挑剔的人：挑剔源自心中的自卑

我们身边不乏完美主义者。从心理学角度看，完美主义是一种人格特质，即个性中具有“凡事追求尽善尽美的极致表现”的倾向。爱挑剔的人，往往内心对自己极度苛刻，对他人也是高标准、严要求，总爱挑别人的毛病，觉得别人这也不好，那也不好。

我们和别人的关系，其本质是我们和自己关系的一面镜子。因此，我们越是对自己不满，就越是对他人挑剔。挑剔别人正是源自心中的自卑。虽然他们总表现出盛气凌人的样子，时时处处挑剔、指责别人，但这并不意味着他们就有足够的底气和自信。相反，他们在挑剔别人的同时，也在暗地里挑剔自己，对自己各种不满意。因此，我们可以把他们的挑剔行为看作是他们对自己不满之后的外倾型发泄，他们其实是在跟自己生气。

这样的人，当他们看到了别人闪光的一面，自己却不具备时，就更容易采取挑刺的方式来赢得心理上的优势，并以此获得内心的力量感和稳定感。所以，他们具有严重的嫉妒心理，时时刻刻关注着周围人的动向，并且总摆出一副与人一争高下的姿态，一旦发现自己的同事、同学、朋友甚至亲人在某些方面将要或已经超过自己，心理就感到不平衡，进而妒火中烧。但是，他们通常不会积极采取行动，靠自己的力量去超越别人，而是冲“假想敌”横挑鼻子竖挑眼，唯恐别人的成功盖过自己的风头。所以，我们暂且把这种人的挑剔当作他的自我泄愤好了。

一旦明白了这一点，你就不会轻易地中挑剔者的“圈套”了。

面对挑剔者，最高级的情商是——你若跟他认真你就输了，不跟他一般见识就是最好的应对姿态。

面对挑剔者的语言技巧：肯定他 + 赞美他

如果给挑剔者排一个榜单的话，过世多年的苹果公司联合创始人乔布斯肯定榜上有名。但美国著名的平面设计大师、美国设计之父保罗·兰德不但敢捶桌子怒怼他，还一口气怼了两次。出了名挑剔的乔布斯竟然完全没脾气，还夸赞对方是最专业的合作方。保罗·兰德是如何做到的呢？

1985年，被迫离开苹果公司的乔布斯决定创办一家叫NEXT的新公司，专门对标苹果。为了给新公司打造品牌形象，乔布斯花了十万美金请保罗·兰德设计一个新logo。作为甲乙方，两人签了合同，内容大概是，无论最终是否使用此logo，必须付全款，且一稿不改。

乔布斯能接受一稿不改，但他希望保罗·兰德能多出几个方案以供对比和挑选。结果保罗·兰德一口回绝：“我做设计从不给客户备选方案。就一个，要方案多的，你去找别人……我会给你提供最好的方式解决问题，无论你最终用不用，都要把钱付给我。”挑剔偏执的乔布斯没有再反驳。

logo设计好了，乔布斯非常喜欢，但有一点小小的不满意。保罗·兰德把字母“e”设计成暗黄色，乔布斯希望能改成更为明亮和传统的黄色。

保罗·兰德用拳头猛击桌子说："我做这行已经五十年了，我知道自己在做什么。"最终，乔布斯选择了妥协。

乔布斯追求完美、极尽挑剔的个性人人皆知，但保罗·兰德却能让他妥协闭嘴，实在让人佩服。

刻薄挑剔的话是很容易让人"上头"的，如果你被对方挑剔得不胜其烦，甚至去辩解和掰扯，那么你就"中计"了。因为你愤怒的情绪和不满的话语会授人以柄，给了挑剔者继续挑你毛病的机会。

生活中这样的现象比比皆是。例如，某同事非常爱挑剔别人，有一次，你没有把资料归置整齐，他看到后就开始挑剔说："你说你这人，年纪轻轻怎么这么马虎呢！"这时候，如果你解释说："不是我马虎，我的资料还没整理完呢，所以先暂时堆在那里。"这时候，你的辩解就给了他继续挑剔你的下一个素材："你看看，你这人不仅马虎，怎么还这么不虚心接受别人意见呢？！"

这时候，你该怎么说才能巧妙地避开他的挑剔，让他闭嘴呢？如果对方是你惹得起的那种人，被挑剔时最好的办法就是学保罗·兰德的——用实力告诉对方你并不好欺负。但是，如果对方不好惹，或者是你不想惹对方，那以退为进，温柔地回怼也不失为一种智慧的应对方法。

所以，当同事挑剔你马虎的时候，你可以这样回复他："对，您提醒得对。"承认对方说得都对的潜台词其实是，你不跟他一般见识，想尽快结束谈话，看你还有什么可说？！

如果你想拉近跟他的关系，可以再加一句："谢谢您哈，以后您看见我有什么不足的，您多说着我点，我知道您这都是为我好呢。"这样一句回答，一定会让挑剔者不仅闭嘴，而且对你充满了好感。当你坦坦荡荡、大大方方地承认自己不完美时，一般来说，对方再挑剔的时候，措辞也会柔和许多，对你的态度说不定也会由挑剔变为接纳呢。

不爱说话的人：过分敏感，“耗能”过快

有些人并不是在心理上有多难相处，他只是性格内向、胆小、容易紧张，所以表现得格外不善言谈、不爱讲话。跟这样的人相处，我们经常感觉空气下一秒就冻住了，也不知道说些什么能引起他的兴趣，气氛非常尴尬。

性格内向等于不爱说话吗？并非如此。

1913年，瑞士心理学家荣格首次提出了内倾型和外倾型性格，他根据力比多（libido）的倾向，也就是一个人的兴趣和情志倾向，将人的性格划分为内向和外向。个体的思想活动倾向于外部环境，就是外倾型性格的人；个人的思想活动倾向于自己，就是内倾型性格的人。

于是，人们普遍认为，外倾型（外向型）的人重视外在世界，爱社交、活跃、开朗、自信、勇于进取、对周围一切事物都很感兴趣、容易适应环境的变化。而内倾型（内向型）的人重视主观世界，好沉思、善内省、常常沉浸在自我欣赏和陶醉之中、孤僻、缺乏自信、易害羞、冷漠、寡言、较难适应环境的变化。其实，这是一种对荣格理论的误解。

心理学研究发现，内向的人之所以内向，恰恰是因为他内心活动过于丰富，对外部世界非常敏感造成的。也就是说，一个人内向并不是因为他不在意外界只在意自己，事实正相反，是因为他太在意外界，才性格内向的。

为什么性格内向的人在公开场合会紧张、放不开，表现得很不自在？其实是因为他们内心里太渴望跟别人交流和交往，却

又担心自己表现得不好，所以才自信心不足，干脆把对外的“触角”收了回来。

同样地，一个人适合做销售，是因为他性格外向吗？不是，而是因为他对别人的评价、攻击以及不接纳没有那么敏感罢了。

所以，性格内向、不善言谈的人就像是一个个敏感的“外界刺激接收器”，对别人的态度、评价异常敏感，所以一进入社交场合就非常“耗能”，很快就会因为浑身的能量耗光了而表现得不想说话，失去社交兴趣，但其内心并不是对社交本身反感，只是因为——过分敏感，“耗能”过快。

与不爱说话者沟通的技巧：不给他压力

理解了性格内向者的小心思之后，你如果想要跟这类人沟通互动得顺利又舒服，最好的办法是——你想说就说，不想说就拉倒。如果选择对话的话，就要掌握好三个原则。

一、尽量谈论他感兴趣的话题，包括他的爱好、专业领域，以及有讨论价值和一定深度的问题。假设对方平时喜欢阅读，那你从他喜欢读什么书这个角度来找沟通突破口的话，相信你们会聊得甚欢。相对应地，漫无目的的闲谈对内向型性格的人来说无异于折磨，比如，今天天气怎么样、这个周末做什么、商场最近打折，这些话题他都不会感兴趣。因此，这类话题你最好少说或者不说，你即使说了，他也不会给你更多的回应，你们俩的沟通很快就会陷入尬聊的境地。

二、谈话场合不会让他感到有压力。对内向型性格的人来说，陌生社交场合越热闹，人越多，他的压力就越大。一对一的谈话就很好，三五人参与的谈话也还可以。但是，如果人太多，高度敏感的他很快会因为接收到的信息太多而能量耗尽，从而选择沉默是金。

三、谈话对象不会让他感到有压力。人们会在潜意识里把谈话对象分为三类：安全类，比如父母、伴侣、非常熟悉且信任的朋友；不算安全类，比如有过一些接触但不算很熟，性格相对温和的人；非常不安全类，比如陌生人、咄咄逼人的人。如果细心观察，我们就会发现，其实内向型性格的人并不是对所有人都话少，如果你被他归为安全类谈话对象，那么他的表达欲望就会比较强烈，甚至偶尔变成话痨；和不算安全类的人打交道，他们通常也会有一两句的发言，但多数时候是出于试探和应酬的需要；而和非常不安全类的人打交道，他们就会干脆把“说话开关”彻底关掉。这也是为什么有时候你越逼着对方老实交代，对方越是沉默以对的根本原因。因为当你在他心里从安全类一下子转换为咄咄逼人的非常不安全类时，他就会完全地封闭自己，用沉默来对抗你的强势。

温馨提示，吵架的时候别太能说，这或许对你们的有效沟通和相互理解更有帮助，这一点尤其要提醒女性朋友——有些爱情，“死”于太能说！

刁蛮强势的人：强势只是保护自己的一个面具

生活中总有那么一些人，说话做事咄咄逼人，总是一副高高在上的姿态，给人的感觉是不好惹。

综艺节目《我们是真正的朋友》我曾追过几期。记得有一期节目因为大S对阿雅的语言“霸凌”上了热搜，大S也因此陷入了风波。

在节目中，大S通过视讯见到了偶像木村拓哉，激动得妆都哭花了，她说要用点高级的化妆品来补下妆，小S对姐姐说：“你就是很适合用高级货。”阿雅也附和道：“嗯，你的脸很高级。”

结果，大S冷言冷语地对阿雅说了句：“阿雅，你是我们姐妹当中看起来最不高级的。”简单一句话，大S过于强势的性格展露无遗。

但阿雅的回应让我印象深刻，堪称教科书级别的高情商回应。事发后，阿雅发了这样一条朋友圈：爸爸生病的时候你陪着我，失恋的时候你在左右，我们一起疯狂，一起欢乐和忧伤。多让别人看见你的温柔，那个我见到的豆腐心。二十年的友谊不是几个片段能描述，用时间走出来的感情很宝贵。几句话就能看出阿雅善于倾听和理解，性格温和又包容，体现出她的超高情商。

跟强势的人打交道确实需要艺术和技巧。但事实是，有些人的强势，并不是真强势。强势只是他们保护自己的一个面具而已。他们装得强势无比、不可侵犯，其实内心自卑又脆弱，强势只是确保自己不受伤害的一个“武器”。

和刁蛮强势的人打交道：四大沟通技巧

生活中，我们会难免遇到刁蛮强势、不好相处的人。面对这样的人，我们该怎么做到好好聊天呢？

一、保持礼貌

当你在语言上斗不过对方时，不妨保持微笑和礼貌。俗话说，“伸手不打笑脸人”。“抱歉”“不好意思”“对不起”“谢谢你”这些话就当长在你的嘴上似的反反复复说，你保持礼貌，保持客气，那么，对方想刁蛮也刁蛮不起来了，失去了气场，自然强势不起来。

很多服务行业的培训课程，面对刁蛮的顾客时，常用的也是这一招。

二、就事论事，公事公办

不要跟无赖打感情牌，这样只会让他发现你是心软好欺的。如果你不得不跟刁蛮强势的人共事，那么，你可以先将自己的个人情绪抛在一边，保持公事公办的态度，不要掺杂太多私人感情，这样，你的情绪也就不会被对方影响了。

三、尝试多用“补偿称赞技巧”

心理学领域有一种沟通方法叫补偿称赞法。什么叫“补偿称赞法”呢？不是从对方最突出的地方进行称赞，而是从侧面进行夸奖，从而显得对方与众不同。比如，称赞他细心、善良、有爱心等这些不容易被人察觉的内在品质。这种称赞方法有点类似于“捧杀法”，他会因为你的夸赞而不好意思再对你咄咄逼人了。

四、“三明治”沟通法

“先甜后苦再甜”的说话方式，我把它叫“三明治沟通法”。怎么理解呢？当你向对方表达不同意见时，你可以先说积极正面的信息，随后再提出自己的异议。沟通即将结束时，再加上同样积极的意见来中和你们之间的分歧。这一招在提出批评和改进建议的时候，尤其好用。先夸赞，随后指出失误和不足，然后用寄予厚望、积极鼓励的话作为结束，这样有技巧的沟通，谁又好意思跟你吵起来呢？

人和人之间的各种关系，是建立在安全感、接纳、兴趣、成长、连接和价值感这六种基本需求之上的。“安全感”是对外在威胁的真实感受；“接纳”是渴望自己能被他人全然接受；“兴趣”需求是指人类探索外部世界的欲望；“成长”则是期待自己能变得更好；“连接”意味着希望和外界建立起联系，能结识更多的人，能和他人分享自己的故事；“价值感”就是希望自己能够创造价值，对社会和他人产生积极的影响。

如果在语言沟通中，有一方或者是双方无视这些需求，或者各自的需求不同，就无法在同一个频道上进行良好的沟通，自然就会出现难以沟通的场景。所以说，高情商对话既是真诚走心的交流，也是心理上的博弈。

要提醒大家的是，如果不是工作需要，不是迫不得已，那你大可不必为了所谓的“老好人”形象而选择隐忍和委屈自己。面对非常不好打交道的人，如果可能的话，最好的办法是——不和他们打交道！

刀子嘴豆腐心，其实是情商低

刀子嘴豆腐心——是我们经常用来形容那些语言很具有杀伤力却没什么坏心眼儿的女性，她们嘴里说的虽然像刀子一样不留情面，内心却像豆腐一样温柔善良，本意是褒义的。但现实是，很多人往往会被“刀子嘴”吓退，因为这样的语言可能句句扎心，带给人的是实实在在的伤害，即使是出于善意，那也是一种语言暴力。

没人愿意通过你锋利的嘴，去体悟你柔软的心

“刀子嘴豆腐心”几乎是女性的专利。《红楼梦》里的林黛玉就是典型的“刀子嘴豆腐心”。我借用宝钗的一句话来形容——真真颦丫头的一张利嘴，叫人恨不是，喜欢不是。

放眼望去，大观园里的各色人物几乎个个都吃过她这张利嘴的亏。黛玉初到贾府，周瑞家的来送官花，她立即说：“我就知道，别人不挑剩下的也不给我呀。”刘姥姥进大观园，她叫人家“母蝗虫”，还耍弄地说：“当日圣乐一奏，百兽率舞，如今才一牛耳。”李嬷嬷请黛玉帮劝宝玉少喝点酒，黛玉却说：“往常老太太也给他酒吃，如今在姨妈这里多吃一口，料也不妨事。必定姨妈这里是外人，不当在这里的也未可定。”她一口气不知得罪了多

少人……

女人啊，多少幸福都败给了刀子嘴豆腐心。

“豆腐心”何以长出“刀子嘴”？！女人的这种行为模式又是怎么产生的呢？

从弗洛伊德精神分析的角度看，一个人在“嘴”上所犯的错误，都是因为他从出生到一岁之间，也就是他口唇期的欲望没有得到充分满足，严重的话会在成年期导致心理疾病。这么说虽然有点夸张，但是“刀子嘴豆腐心”往往跟童年时期的一些创伤有关。有些愤怒潜藏在你的潜意识里，暂时还未爆发出来，是因为你没有去触动情绪的“开关”。要知道，我们的情绪是有记忆的，在人生之后的旅程中，总有一些类似的场景会唤醒你内心关于愤怒情绪的记忆。

愤怒的情绪一旦被触发，就会转变成攻击性。与男人通过动手来解决问题的攻击性不同，女人的攻击性几乎都表现在嘴上，原因很简单，我们打不过嘛，只能用“刀子嘴”来打败他！

“刀子嘴”的本质是对别人的攻击、否定和批评。之所以会如此，一方面是他们不懂人际边界，任性妄为，还以为自己一片冰心在玉壶，完全出自真诚；另一方面是，他们的内心深处没有得到过温暖、肯定和支持，因而他们攻击别人而不知，甚至潜意识地以攻击为防守，以攻击来保护自己。这样的人也有可能是他曾通过语言上的强势获得过某种益处，并且这种状态在一段时期内不断得到了强化。久而久之，他的潜意识就会认为，只有这样自己才能赢。久而久之，他就会变成一个惯于使用“刀子嘴”的人，凡事都通过语言暴力来解决。

可是亲爱的，没有人会愿意通过你锋利的嘴，去体悟你柔软的内心世界的！

对别人苛责，本质上是由于对自己苛责。你为什么总是

“刀子嘴”？归根结底还是因为你不够好好爱自己！你没有从心底里完完全全地接纳自己、欣赏自己，与此同时，你又急于让别人认同你、接纳你，于是你只会在语言上把别人打翻在地，赢过别人！而你的豆腐心和你发泄过后的心软，都只是你的悔不当初和内心虚弱无力的大爆发罢了。你一会儿嘴上强势得“噼里啪啦”剥豆子似的把人损得七零八落，一会儿又跟受伤的小猫咪似的乞求他人原谅，你的人际关系被自己搞得一团糟，你觉得自己还可爱吗？

聪明女人都懂得用“表达需求”代替抱怨

李安说过，婚姻是否幸福美满，有时取决于男女主角“婚姻语言”的优劣。说白了，很多时候，婚姻关系就是双方语言的交融与交锋。可是，很多女人在婚姻关系里，常常利用语言天赋来对付甚至是欺负丈夫。

我还是拿丈夫忙于应酬晚回家的场景来举例。“聪明”女人和“笨”女人的做法区别在哪里呢？“笨”女人可能会跟老公说：“你又回家这么晚，你还管不管这个家？你知不知道孩子现在学习一落千丈？你心里还有没有这个家？”

每一个行为背后都有其需求或期待。其实，这个妻子内心真正想表达的是——希望丈夫多陪陪自己，不要总是忙于应酬，回家这么晚对身体也不好。再加上孩子的学习状况也不是很好，希望丈夫跟自己一起想想办法。但她内心的这些需求却用抱怨的方式表达了出来。

我们太习惯抱怨了，而抱怨带有指责的味道。试问，哪个丈夫会喜欢每天都在抱怨、指责的妻子？

那“聪明”女人会怎么做呢？她会把这些需求很温柔地说给晚归的丈夫听：“老公，你以后能不能不要这么晚回家，总是应酬到这么晚，对你身体不好，我很担心你。而且我心里也觉得非常的孤独，很需要你多陪陪我。另外，孩子最近学习不太好，我很焦虑。老公，我希望你能跟我一起想想办法，该怎么教育孩子好？”你看，“笨”女人只会指责和抱怨，而“聪明”女人会坦诚地、平静地表达自己的需求。

有一个概念叫“非暴力沟通”，是由马歇尔·卢森堡博士提出的。他是国际性缔造和平组织非暴力沟通中心（CNVC）的创始人，后来发展出极具启发性和影响力的非暴力沟通的原则和方法。

非暴力沟通，也叫NVC，目的是使人友爱互助。它特别强调的一点是，提出具体、明确的请求（要什么，而不是不要什么），而且确实是请求而非要求，希望对方的行为是由衷的、发自内心的，而不是利用和操控对方的恐惧、内疚、惭愧、责任等去逼迫对方满足自己。

如果我们把非暴力沟通的方法运用到沟通中，最有效的做法是什么呢？就是对晚归的丈夫明确、坦诚地说出自己的请求，而不是通过抱怨和指责引发他的内疚、惭愧、责任等，然后强迫对方来关心自己，满足自己的期待。

经常抱怨式地表达，你的婚姻不会有多幸福的！如果你总是用抱怨、指责来代替表达自己内心真实的需要，不仅你自己会焦虑，对方也会陷入焦虑的情绪之中。久而久之，丈夫要么选择封闭自己的感受，与你保持安全距离；要么与你对抗到底，婚姻变成了“战场”。这样的婚姻关系怎么可能和谐亲密？

只有夫妻双方的关系处于和谐、舒适的状态，这样的婚姻才能长久、稳定、幸福。

这些“刀子”般的语言，请不要说

会说话的人会说得让人心生欢喜，不会说话的人能说得人心如死灰。哪些说话方式会让人感到焦虑和沮丧呢？我总结了四类糟糕的说话方式，大家对照一下，看这些话你是不是也在不经意间说过？

挖苦比较类语言：很多人在小时候最痛恨的就是别人家的孩子，因为我们的父母或者老师一提到他们的时候都是用这样的句式——“你看看你，再看看人家。”“你怎么连这个都不会……”“你还不如隔壁的……”说实话，孩子幼小的心灵、刚刚萌芽的自尊心哪禁得起这类语言的摧残、挫伤?！

成年后的我们如果也常常这样挖苦别人，跟别人说话——“你看看你，你再看看别人的男朋友。”“你怎么连这一点都做不到，为什么别人都可以做到？”“我看你连谁谁都比不上。”即使你们的关系再亲密，时日一久，他跟你也一定会越来越疏远了。因为在他看来，你简直就是一个讨厌的贩售焦虑的“机器人”。

如果你也常常这么跟自己说话，在内心里常常这样自我攻击，可想而知，你也很难建立良好平和的心态，坚定稳固的自信心。

恐吓威胁类语言：“你考不到九十五分以上就别回来！”“你再不听话，我就把你送人！”……家长朋友们，我们不妨换位思考一下，假如你是孩子，听了这样的训斥，你的内心感受是怎样的？焦虑不安，无所适从，对不对？这样的话代表着，你给的爱始终是有条件的，孩子表现一糟糕，你的爱就要拿去喂狼，那孩子还怎么表现好呢？他所有的注意力和精气神全都用来化解内心的恐惧和战战兢兢了。

这样的说话方式对成年人也一样有着极大的杀伤力——“你再让我不高兴，咱俩就分手！”“你再不满足我的需求和期待，你就是没良心！”“你这个缺点要是再不改，就别指望我给你好脸色！”这样的语言充满了威胁、恐吓的味道，对方是无论如何也感觉不到爱的。因为能让人感受到爱的语言应该给人无条件地接纳的感觉。而有条件的爱其实是在向对方提要求，你再怎么努力解释说“我都是为你好”，或者“我在乎你，我才跟你提要求”，对不起，别人真的感觉不到你有爱。

否定打击类语言：“你真的太让我失望了……”“你真的很没用……”“你说说你还能再差劲一点吗？”……这类语言会让人觉得自己很无能，自信心被打击得荡然无存。我们常说，好孩子和好老公都是夸出来的，这背后的心理学逻辑其实是：对一个人真正的爱，是让对方觉得自己在你面前有价值。你爱他，就要让他在你面前自信满满，而不是通过否定打击他、挫伤他来控制他。当对方跟你在一起总觉得自己很差、很没用时，他“泄气”了、没自信了，久而久之，你们的关系也就“泄气”了……

有些人可能会说：“我干吗把他说得那么好，夸多了还不给夸上天了，夸得他不知道自己是谁了，我凭什么让他那么得意呀！就是得时刻让他看到自己的不足才能有进步呀！”错，大错特错，不舍得夸人的人，其实都是在担心自己的自恋被打击。要知道，忠言逆耳跟否定他人是两回事。“忠言逆耳”的忠言针对的往往是事——那件事你做得如何，如果这样处理可能会更好，这些话是有建设性的。

否定打击类语言针对的是人：“你很差，你很没用，你让我失望……”这样说等于你直接用语言把这个人给否定了，他在你面前又怎么可能抬得起头来？所以，你也就别指望他会好好跟你对话了。好的关系建立在维护彼此自尊的基础上。你的否定打击，要么让他对你心怀愤怒，要么让他认同你，进而产生习得性无助。你越否定他、说他差，他就越焦虑。他越焦虑，表现就越差！慢慢地，他的人生就陷入了被否定—焦虑—表现差—被否定—更焦虑的恶性循环里，人生的希望也逐渐消磨殆尽。

冷淡漠视类语言："这事以后再说。""我忙着呢，没空理你。""你爱怎样怎样，随你便！"这类语言会让人觉得自己不重要，不受关注，自我价值感一下子降到了冰点。

其实，每个人内心真正的需求都希望被人听见、被人看见，尤其是被自己在意的人听见、看见。但是你呢？做法正相反。由于自己心里有不满、有怨气，于是好话不会好好说，采用被动攻击的方式去攻击对方——你让我不爽，我就用毫无温度的语言"冷死"你，时间长了，你们的关系可就真陷入死局了！因此，合理地表达自己的不满和愤怒，不管高兴不高兴，都好好说话，这对关系的维持特别重要。

语言暴力是世界上最锋利的匕首，你动不动就冷言冷语、阴阳怪气、说话夹枪带棒的，你以为只刺伤了对方吗？错了，你的匕首同时扎向了你们两个人的心。

所以，请记住，对自己，对自己看重的人，请好好说话。因为语言可以是最美的情话，也能变成最伤人的武器。

"三心练习"让你的表达有温度有情感

"童话大王"郑渊洁曾在央视节目《朗读者》中说过这样一件事。上小学时，有一天老师布置了个作文题目，叫《早起的鸟有虫子吃》。郑渊洁用逆向思维写了一篇《早起的虫子被鸟吃》。老师罚他当着全班同学的面说一百遍“郑渊洁是最没出息的人”。当时，郑渊洁迫于压力不得不说，但他心里憋着一股气，于是偷偷从课桌里拿出炮仗并引爆了，气得老师当场跟他说：“郑渊洁你被开除了，你给我滚出去。”

郑渊洁说，爸爸领他回家的路上，他的心里非常忐忑。结果，他爸爸说：“孩子，没关系，我在家教你。”

郑爸爸这句鼓励而又温暖的话成功治愈了郑渊洁受伤的心灵，也让他从老师口中“最没出息的人”蜕变成了中国最优秀的儿童文学作家。

语言是有温度和情感的，这也是一个人说话有没有气质、别人喜不喜欢听的关键。温暖的语言能让人喜欢你、信任你、接纳你、愿意亲近你并乐意为你提供帮助。

但是对很多人而言，温情不是与生俱来的，尤其是那些原生家庭充满了矛盾和争吵的人。多年来，他们早已习惯了用语言作为“匕首”去表达自己的不满和攻击性，却从来没有人教过他们，语言也可以是“樱花树下的微风”，是“寒冬里冒着热气的烤白薯”，是“泪珠边的一个吻”。

语言中的温情可以通过“三心练习”来获得。

练习一：“感恩之心”练习法

“感恩”的反义词是什么？怨恨、挑剔、索取、失望。这些情绪实在没什么气质可言。而化解“刀子嘴”带来的负面感受的“解药”便是感恩——感恩发生在你生命中的一切。

当你心怀感恩的时候，你的语言和身体会跟着发生改变——面部表情会变得温柔，全身会松弛下来。你的肢体语言会散发出温柔而又吸引人的气质和脚踏实地的自信。

唤起感恩之情的练习方式是——多多注意正在发生的令你喜悦的微小事物，也就是“小确幸”。感恩练习在生活中随时随地都可以做。比如，你在餐厅等一个朋友，结果他迟到了。这时候，你注意到金色的阳光透过窗户洒下来，窗外的天很蓝，服务员的笑容很灿烂。这时，你可以进行感恩练习：“啊，天气真棒，这将是美好的一天，感恩。”你的内心将感觉到平和、淡定，甚至是满足。当朋友终于出现在你面前的时候，你也是冷静的，而不会一脸怒气、满嘴抱怨了。

练习二：“同理之心”练习法

所谓的“同理心”就是能够换位思考，将心比心，与别人共情，是一种高情商的表现。而缺乏同理心的人，往往无法体会别人的心境和感受，被认为是低情商的重要表现之一。

综艺节目《我们是真正的朋友》中，大S对阿雅的一番言论引发网友争议，就是因为缺乏同理心的大S忽视了阿雅的感受，刺痛了对方却浑然不知。尽管大S和阿雅是相识二十多年的朋友，尽管阿雅的回应堪称教科书级别的高情商回应，但面对大S的一句冷冰冰的回怼“阿雅，你是我们姐妹当中看起来最不高级的”，阿雅的内心多多少少都会有些疙瘩而不好受。

很多人会觉得——我又不是他，怎么可能像他肚子里的蛔虫一般懂他呢？

美国著名神经心理学家里克·汉森曾说过：“人类是地球上最有同理心的物种。”那要怎样才能对一个你不可能在短时间内完全了解的人做到“同理心”呢？你可以通过以下几个步骤来练习“同理心”。

1. 将注意力集中在他身上，观察他的身体语言。例如，当你发现他不停地在胸前揉搓双手的时候，你就要意识到他可能有点紧张，你可以问他："你是不是觉得有点紧张和着急？别急，请慢慢说。"或者当你感觉到他听你说话时眼神躲闪犹疑，也许是他对你说的内容不感兴趣，那你可以问他："你是不是对我说的话不那么感兴趣？要不，咱们换个话题？"你细致入微的观察会让对方产生一种"我被他看到了""此刻他的眼里只有我"的喜悦之情，这种感受会让他体内分泌更多的催产素和血清素，满足感、幸福感立马上升一个台阶。

2. 设想他的过去。假设你与他出生在同样的环境里，家庭关系一样，接受的教育也一样，那么你的性格会是怎样的？

3. 设想他的现在。真正地站在他的角度看问题，感受他内心的真实想法——他真的快乐吗？他不快乐的真正原因是什么？这样的换位思考，能让你切实地走进他的社会身份和角色中，钻进他的身体里，通过他的眼睛看世界，想象他当前的感受和情绪。

练习三："友善之心"练习法

友善之心是一种发自内心地希望他人安好的纯粹心态。他是真心为了我好，他是发自内心地接纳我、喜欢我——如果你的内心能涌动起这样的感受，那么你跟对方的相处时刻一定是美妙的温情时刻。友善是展示温情非常高效的方式，当你对对方心怀友善，那么你在对方眼中也一定是情商满格、气质满分的。

英国怀斯曼研究所通过功能性磁共振发现，当一个人弹奏某种乐器或是从事某种运动时，核磁图像显示，经过一段时间的练习，脑神经回路会通过训练得到非常明显的改变。这就意味着，美好积极的心态，我们完全可以后天塑造修炼。

一个非常简单的"友善之心"的练习方法是：找一个你想要表达善意的人，努力找出至少三条你喜欢他的理由，这些理由可以非常具体和细小，例如"他的衬衫领子总是很干净"或者"他很守时”，又或者“他的声音让人很安心”。当你开始关注对方的这些正面元素时，你的心态会随之改变，那么你面对他时的语言和非语言体态也将随之产生改变。

希望我们的语言是芬芳的莲花，而不再是逼人的利刃。

情绪不好时，也能好好说话

2019年爆发的孙杨抗检事件一度闹得沸沸扬扬。结果大家都知道了，孙杨败诉，被禁赛八年。而孙杨妈妈却引发全网怒骂，网友纷纷痛批她坑了自己儿子。连国际体育仲裁法庭发布的报告都说——“孙杨母亲似乎对儿子起了最无益的作用”。

为什么这么说呢？在我看来，这都是坏情绪惹的祸。

在孙杨“暴力抗检”听证会现场，孙杨妈妈声泪俱下地表达对判决的不满和对采样过程的质疑，任情绪失控，毫无理智可言。庭审结束后，孙杨妈妈再度情绪失控继而落泪：“我们很想把事情说清楚，我觉得他们没有给我机会。”接受采访时，她更是不断重复着“不公”“完全不是事实”等情绪化语言。

难怪网友会说，孙杨遭禁赛，他妈妈难辞其咎。

坏情绪真的是潜伏在我们内心深处的一只“怪兽”，一旦察觉到一点苗头便煽风点火，让人情绪失控导致事情无法转圜。

好消息是，这件事情迎来了反转。2020年12月24日，瑞士联邦最高法院做出决定，撤销之前国际体育仲裁法庭（CAS）做出的对孙杨禁赛八年的处罚。

拿破仑曾说过：能控制好自己情绪的人，比能拿下一座城池的将军更伟大。情绪不佳时的说话方式，最见一个人的情商和修养。但是，人生七情，正面情绪也不过一个“喜”。生而为人，怎么可能事事顺心、样样如意？由此可见，情绪控制对一个人来说多么重要！

女性情绪化往往是因为长期不被“听到”

在大多数男人的眼里，很多女性都穿着同样一件“外衣”，它的名字叫情绪化。面对情绪化的人，大多数人的应对方式是指责、质问、逃避。

比如，妻子在公司受了委屈，回到家跟丈夫倾诉，最后的结果往往是一个指责质问，一个更加委屈，负面情绪一涌上来，两个人更是吵了起来，搞得双方都满肚子负能量。

女人的初心其实只是想要倾诉并获得安慰，而男人不但没有及时“听到”女人的情绪，还开始给建议。整个沟通过程中，两个人的心理需求根本就没有“对上号”——女人心里想的是：“拜托，谁要听你支招啊，我又不傻。”而男人想的是：“你跟我倾诉，难道不是为了听我的意见？！”

真的是鸡同鸭讲。所以，男人越热心当“教练”和“教导委员”，女人就越生气。因为处在情绪旋涡中的女性，她的心理状态跟被石头绊倒摔了一跤的小孩子的心理状态是没有分别的。

小孩子摔倒的当下，如果你直接训斥他：“怎么这么不小心呀？！地上有个石头你都没看见，怎么搞的你？”他会哭得更伤心。这时候，大人的正确打开方式是——哄，蹲下来抱着眼泛泪花的小宝宝，然后冲着石头说：“坏石头，打它打它！看它下次还敢绊我们！”

人们处在情绪中时，最讨厌的就是面对一副“这件事明明就是你做错了”的教导主任脸，因为这不是关怀，不是包容，而是指责和纠正，没有丝毫温暖可言。但受了委屈的人，真正想要的其实是，对方能说一句："那人就是一浑蛋，他再敢欺负你，我去揍他！"

Yes！爽！

先处理感情，再处理事情；

先对付情绪，再想到解决。

这不仅仅是男性安抚女性情绪的智慧，更是我们在情绪不好的情况下能好好说话、和谐沟通的密钥。

从负面情绪中抽离，才是好好沟通的开始

大家不妨做一个简单的小测试：采访身边的五个人，一个跟你最亲密、最知心，一个是你的父母之一，一个是你的领导，一个是你的同事，一个是你的闺蜜。你也可以将上述五人中的某一个替换成你的孩子。然后，询问他们以下两个问题：

问题一：你眼中的我是什么样的？请用五个关键词描述。

问题二：在你心里，你希望我是什么样的？同样用五个关键词描述。

对比你心里预想的答案跟他们的答案，你可能会惊讶地发现，平时不好好说话、任情绪恣意发泄的你，已经给身边的人留下了难以抹去的负面印象。

假如没有情绪，人与人之间的感情和关系将会变得冷淡和单一，情绪的存在让我们真切地感受到自己和别人都是活生生的人。但是，情绪的出现和情绪的好坏从来不受我们的控制，更别说他人的情绪了。

美国作家丹尼尔·戈尔曼在经典畅销书《情商》中说：情商就是情绪智力，是管理情绪的能力。但是，对很多人来说，管理

情绪是一件极其具有挑战的事。很多难以沟通的对话，也往往是由于双方没能管理好自己的情绪，或者是无法理解他人的情绪所造成的。

有一次，我在一位朋友家，她五岁的儿子在玩小汽车的时候，不小心碰翻了桌上的水杯。她走过来问刚才发生了什么，儿子回答说："没什么事啦！"结果，她看到了打翻的水杯，非常生气，指责儿子在撒谎。儿子低垂着头，一言不发。

事实上，朋友的儿子也在为自己碰翻了水杯而感到懊丧。为什么他不敢告诉妈妈实情？因为他害怕，所以选择了逃避，没想到却受到了更严厉的指责。当下，妈妈和儿子都很不开心。

如果妈妈能读懂儿子"没什么事啦"背后懊丧的情绪，用理解和宽容来代替指责和谩骂，或许就会在孩子的心里种下爱和自信的种子。

情绪失控会导致沟通失败。情绪表达存在障碍同样会导致沟通失败。比如说，对大多数男人来说，脆弱和负面情绪是难以启齿的。因为在中国的传统文化里，男人就应该情绪内敛，公开表达自己的情绪和感受是不应该的。所以，男人们从小就被教育着要压抑、隔绝自己的感受。男孩子一旦摔倒了不停地哭，大人就会教育他："男孩子嘛，怎么这么娇气呢？你是男孩子，你要坚强一点！"这样，孩子就捕捉到了大人言语间的信息——袒露自己的负面情绪是错的，是不被欢迎和接受的。一旦他往后遇到了负面情绪，就会努力地憋回去。这样的孩子长大后，多半是不懂得表达情绪的，也比较难读懂他人情绪背后的潜台词。

在一段关系中，如果我们无法勇敢表达自己的情绪，也不能很好地理解和接纳对方的情绪，那么你会发现，这段关系永远处于无法沟通、一说就吵，甚至是热战、冷战不断交替的局面。而彼此以坏情绪作为报复，并不断恶性循环下去，这样做只会降低我们人际关系的品质，甚至彻底摧毁一段原本和谐美好的关系。

从负面情绪中抽离出来，才是好好沟通的开始。

未说出口的情绪会让沟通变得极为困难

在职场中，你有没有过这种感受——你打心底里排斥与某个同事的合作，别人问你对他到底有什么意见，你似乎又说不出个所以然，但你一面对他就是感到不舒服。

那你有没有想过，也许你和他之间存在着许多尚未解决的情绪问题——也许你看到过他挑剔刻薄的一面，也曾被他的态度搞得不胜其烦，那时候的你选择了息事宁人，将情绪“吞”回了肚子。但是，那些没能说出口的情绪一直在心里蠢蠢欲动，时刻提醒着你，导致你跟他连最起码的合作都无法进行。

情绪是不能被控制的，更不能被压抑。当你想方设法地压抑自己的情绪时，情绪可能也会想方设法地“跑”出来，结果，你迎来的可能是更为强烈的情绪爆发。

比如说，丈夫经常忙于应酬回家很晚，你可能会脱口而出：“你怎么不喝死在外面！”但这其实是你对丈夫喝酒应酬不陪你、不管孩子的不满情绪的集中爆发。再比如，孩子跟你要钱想买个自己喜欢的玩具，可是，这一天你已经在公司被老板欺负得心力交瘁了，这些情绪没能找到出口发泄出来，结果孩子撞到了枪口上，成了你的“出气筒”——“整天就知道伸手要钱钱钱，等把你妈逼死，你就开心了！”……凡此种种，不胜枚举。

我们常说，会说话的前提是懂得聆听，可是，当你的话语中隐藏了太多没能说出口的负面情绪，对方还怎么好好听你说？也许你有努力地控制自己的情绪，但是情绪多多少少会渗透进你的话语里，让对方总听出一种怪里怪气的感觉。那你跟他之间还怎么顺利地对话沟通？

是的，积压在内心深处没能说出口的情绪，总会让聆听变得异常困难。酝酿得久了，它总有一天会找个机会爆发出来。这就像你反复摇晃手中的汽水瓶，当你突然打开瓶盖的时候，汽水喷射而出，溅得到处都是，让你猝不及防。

好好说话，就是让别人舒服也不委屈自己

高情商的人往往都具备两种能力——懂得好好说话，能控制自己的情绪，这也是我们每个人都需要锻炼的两种能力。那情绪不好的时候，怎样做才能好好说话呢？

一、不随意发泄情绪，学会“替换语言技术”

当你发现自己正处于情绪中时，首要任务是管好自己的嘴，不出口伤人。当难听的语言又浮现在你的头脑中，你快要丧失理智脱口而出“爽”一下的时候，你要及时踩住自己的刹车，对自己喊“停”！

与此同时，谨慎地重新组织语言，降低语言的攻击力度。比如，当气冲冲的你想脱口而出：“你怎么不去死！”那赶紧“踩刹车”，然后试着将那句杀伤力十足的话换成：“我这会儿不想看见你！”这样说既降低了攻击性，也表达了你的不满。

再比如，你本来委屈得想要咆哮：“你不要欺人太甚！”那你可以换成：“我感到我的感情被伤害到了！”

这里有一个很重要的说话技巧——把“你怎么怎么样”这种非常具有攻击性的话语模式，替换成“我感到怎么怎么样”的话

语模式。

不要觉得语言的攻击性降低了，在交谈中自己就失了分量丢了气场。恰恰相反，当你没有继续挑起对方的坏情绪，而是选择主动降低攻击性和杀伤力的时候，你才是那个掌控了谈话节奏的王者。

二、直面和表达情绪，学会让情绪为语言服务

情绪和情绪化之间并不能画等号。你可以平静地表达情绪，无须表现得情绪化；你也可以表现得十分情绪化，但谈论的内容其实与情绪无关。

让情绪为语言服务，而不是让语言被情绪牵着鼻子走——这便是高情商的沟通。

表达情绪的第一步：你只需要记住当下的情绪就足够了

几乎所有难以继续的沟通都伴随着强烈的情绪，要想抛开情绪去解决问题几乎不可能。既然情绪是问题的一部分，我们就应该正视情绪。

情绪是真实的，没有应该不应该；情绪也是一种客观的体验，不存在合不合理的问题，它就在那里。所以，你不需要因为自己有情绪而感到不安、自责或是难以启齿。你要做的是，诚实而直白地告诉对方你的感受。

在表达情绪之前，你可以先让对方知道，自己因为这些情绪而倍感不安，或者是你并不确定将情绪表达出来是否有意义，但是，你就是想和他分享自己的情绪。

你的真诚和坦荡会让对方放下戒备和防御，专注地聆听你。

表达情绪的第二步：一定要全面透彻地表达，一个都不能少全面透彻的表达会将沟通引到一个更深更复杂的层面，但这样能让沟通双方更加深入地了解彼此，能够探索到一种更加高效的沟通方式。怎样说才是全面透彻的表达呢？比如，你非常反感父母催婚，一说到这个话题，双方“一点就着”，很容易争吵。那么当你向父母表达情绪的时候，除了要诚实地告诉他们你的感受与抗拒，还要诚实地告诉他们，其实你也很内疚。

你可以说：“爸妈，每当你们问我找对象的问题时，我心里真的是烦透了，我感到很生气。我想，那大概是因为我已经跟你们说过很多次‘不要再问了’，可是你们却还是一直不厌其烦地问。”（表达愤怒的缘由是父母听不到你的诉求而一直逼问）

“我明白，你们寄期望于我，也很关心我的个人生活，你们这么做都是出于爱我。但是，找对象不是买白菜，请你们再给我点时间好吗？”（引发父母共鸣，让他们知道，其实你是体谅父母的良苦用心的）

“对我而言，和你们好好谈论这个问题实在是太难了，因为我都这么大了，无论何时，只要一想到它，我就感到很对不起你们，我觉得自己辜负了你们的期望，我觉得自己很差劲，一直在浪费生命。”（表达自己的内疚之情）

假如你向父母表达自己对催婚的反感时，能够这样坦诚地梳理自己的情绪，又能照顾到对方的立场，那么，你跟父母又怎么可能吵得起来呢？这样的对话不仅不会引来更大的冲突，反而会将话题引向深入，给了父母更加了解你的机会，甚至最终你可能迎来父母跟你的和解以及他们紧紧的拥抱也说不定。

三、不要对对方表达的情绪做任何评判

生活中比较常见的场景是，当你非常诚恳地袒露自己的感受和情绪时，对方会扔过来一句不理解或是拒绝的话。比如，你跟

老公倾诉的本意是想表达自己对他经常晚回家的难过和担心，对方丢过来的却是："那都是你自己的胡思乱想罢了。"这种带有评判性的语言会让你刚刚袒露的柔软，犹如刚刚张开便遇到袭击的贝壳一般立刻缩了回去，自我封闭起来。

于是，双方的沟通就此被打断，既无法进一步了解对方，也无法继续商讨问题的解决之道。

对任何一种关系来说，认可和接纳他人的情绪都至关重要。而过早地对他人的情绪做出粗暴的评判，会阻碍他们表达真实的情绪，两个人的关系也会越走越远。

对此，你要允许对方开始在你心里建立一块不涉及任何评价的"空白草地"，在这片草地上，大家都可以单纯地分享情绪，没有人去妄加评判，也不会随意归因和指责，大家都暂不考虑如何解决问题。而且，不要搞"一言堂"，而应倡导"百家争鸣""但说无妨"这种顺畅温和的沟通氛围。

允许对方自由地表达，不对其情绪做任何的评判——这是建立良性沟通非常重要的一步。

四、经常说"我感到"，而不是"我认为"

"我感到"是三个非常简单的字，但是在表达情绪、沟通互动的时候，却是非常有效能的三个字。它会让双方的焦点始终聚焦在情绪上，并且让对方清楚地意识到，你只是从自己的感受出发，就事论事，而不是在翻旧账、故意找碴，或者是在将问题扩大化。这就避开了粗暴的评判或随意的谴责造成的理解误区。

例如，夫妻两人因为婆媳关系问题而吵架，妻子如果甩出一句："我认为你就是个妈宝男！你就是对你妈唯命是从！"那这句话会立即触动丈夫的防御抵抗心理。而两人接下来的对话也将始终围绕"是不是妈宝男"而展开激烈的"交锋"。

好好说话，就是让别人舒服也不会委屈自己。假如妻子把这句话换成：“当你对你妈唯命是从的时候，我丝毫感觉不到自己是被你爱着的，我感到很受伤……”这时候，两人聚焦的就不再是“男人到底是不是妈宝”，而是妻子的情绪本身——“感到不被爱，很受伤”。那么，接下来的场景可能会温柔而美好。

在通往和解和良性沟通的道路上，能够勇敢且准确地描述情绪是你迈出的第一步，也是非常重要的一步。哪怕在你描述了情绪之后，你们的沟通并没有一蹴而就，直奔终点解决问题，但是，当你开口说“我感到”的时候，你就已经开始向对方敞开心扉，袒露诚恳了。

看到情绪—勇敢表达—不做评判—努力理解，当你们的谈话是沿着这个路径展开的时候，你们即使都身处情绪的暴风眼，也一定能做到好好沟通、好好说话。

说服别人的前提是，无条件地相信自己

假如你失去了双腿，你会怎么办？也许你会丧气地说："我什么都做不了。"可真的是这样吗？

出生于澳大利亚墨尔本的尼克·胡哲是一位著名的励志演讲家。他天生没有四肢，却克服了常人难以克服的困难，学会了写字、游泳甚至是打高尔夫球。

尼克十九岁时去推销自己的演讲，在被拒五十二次之后，终于获得了一次五分钟的演讲机会和五十美元的薪水，从此，他开始了自己的演讲生涯。在接下来的人生里，尼克在世界各地发表了数千场演讲，用他的生命书写了无数奇迹。

由于没有四肢，尼克·胡哲演讲的时候，经常是上半身"坐"在轮椅上。轮椅本来就很低，假如舞台不够高，很难有人注意到轮椅上其实是坐着一个人的。然而，但凡听过尼克·胡哲演讲的人，都认为他气宇轩昂、气势铿锵，气场两米八，说出来的话也十分有力，让人信服！

不擅长沟通？也许是因为你自我设限

为什么很多人明明身材挺拔，说话却总显得"矬"呢？其中的原因之一是，由于自我设限，让内在自我越活越"弱小"。

什么是自我设限？心理学家曾经做过一个跳蚤实验：把跳蚤放在桌上，一拍桌子，跳蚤迅即跳起，跳起高度均在其身高的一百倍以上，堪称世界上跳得最高的动物！然后，工作人员在跳蚤上方罩一个玻璃罩，再让它跳，这一次，跳蚤“碰壁”了。连续多次“碰壁”后，跳蚤改变了起跳高度以适应环境。工作人员每降低一次玻璃罩的高度，跳蚤都在“碰壁”后被动改变自己跳跃的高度，每次跳跃都与玻璃罩顶保持着安全距离。最后，当玻璃罩的高度接近桌面时，跳蚤已无法再跳。这个时候，科学家拿开玻璃罩，再来拍桌子，跳蚤仍然不会跳，变成“爬蚤”了。

这个实验很好地诠释了什么是“自我设限”。

简单地说，自我设限是个体针对可能到来的失败威胁，事先设计障碍的一种防卫行为，是个体心里默认的一个自己能到达的高度，这个心理高度常常暗示自己：这么多困难，“我”不可能跨过去，也不可能做到，想成功那是不可能的！所以，他们的口头禅是“我不行，我做不到”。

这样做可以暂时地避免因自身能力不足带来的挫败感，暂时维护自我价值感。可更大的危害是，自我设限会让你一生都活在内在恐惧里，让你始终觉得自己是一个不成功也不幸福的loser，导致自我迷失。它就像一块巨石、顽石，在人生成长及事业发展的道路上，阻碍着我们前进的步伐，是一个人无法取得成就的重要原因之一。

我们为何会自我设限？客观上是教养者造成的。养者即父母，教者即老师。回想我们的成长过程，你会发现他们一再地否定你——“这个你不行，不如别人”“这事儿也是你能想的？你这叫异想天开”“你能力有限，就别好高骛远了”。他们总说你这不行那也不行，久而久之，我们就会潜意识地把教养者对我们的评价转化成我们内在的自我评价，认为自己真的“能力有限”“不如别人”，最终的结果是，我们产生了习得性无助。

那么主观上的原因是什么呢？是你不愿意走出舒适区。虽然待在舒适区会让我们的身体感觉很舒适，但不幸的是，我们都会因为“我不行，我做不到，我该怎么办”这些内心的声音而备受折磨。

仔细观察你就会发现，那些讲话没力量没底气、无法做到令人信服的人，他们的语言表达有以下几个特征：

一、在每句回答的后面都会加一个“吧”字。

例如，“你要喝茶吗？”他的回答是：“要……吧。”

二、经常会用到征求对方意见的反问句。

例如，“你可以吗？”他的回答是：“你觉得……我可以吗？”

三、经常用自我否定和自我退缩的话语模式。

例如，他常说：“我不行，我很差，我还是算了吧。”

四、说话的语气经常吞吞吐吐犹豫不决。

例如，他常说：“我……我……你……你……”

自我价值感越低，说话越没气场

说话没气场还跟自我价值感过低有关。

自我价值感过低的人，人际关系异常敏感，他们会过分地在意别人的目光和评价，渴望获得别人的肯定，却又常常不敢表达自己。

对女人来说，这一点表现得尤为突出。心理学研究发现，女人比男人更容易感到孤独、寂寞，对人际关系中的冷暖也要比男人敏感得多。别人不经意间的一个眼神、说话的语气，都能让女人们敏感地捕捉到，甚至加以想象和演绎。所以，她们常常因为还没有发生的事情，白白担心、焦虑、痛苦、纠结一场。身为女性，她们的内心戏确实很多，常常会活得很累。

活在别人的评价和看法里，这样的人往往自尊心很强，但归根结底是因为害怕自己不够好，害怕自己是一个没有价值的人，所以会为了获得他人的认同而处处苛求自己，过度追求完美。

但是，当一个人越是追求完美，与人沟通的时候就会越紧张、越局促不安，因为他总感觉有一双挑剔的眼睛在盯着自己。讲话磕磕巴巴的，不自信、不流畅，这样的你，别人又怎么会信你、服你呢？

自我价值感的高低只跟自己有关。自己都欣赏不了自己，美好自然也会离你越来越远。

怎么改变自己，提升自我价值感呢？大家可以试试下面的方法：

积极提升自我评价。如果你以前的思维模式是“我不够好”，那“我值得拥有”这句著名的广告语就特别适合你每天默念一百遍。这样做可以帮你重建心理上的“配得感”，让你获得足够的安全感，并让你重新审视自己，重新定位自己——我值得拥有更好的男人，所以我不会在渣男身上浪费时间；我值得拥有更好的自己，所以我能戒掉盲目攀比，只跟过去的自己比较，然后遇见更好的自己。这样的配得感甚至会让我们把发生在自己身上的不好的事，当作自我成长的功课来看待。

学会欣赏他人。女人跟男人相处，通常不是难事。女人跟女人的相处却总存在各种各样的问题。女人为难女人，往往是因为攀比之心作祟。一个懂得欣赏并能真诚、由衷地赞美其他同性的女人，她的攀比焦虑要比别人弱很多。因为，由衷赞美别人的心理前提是“我觉得我不错，我觉得你也真棒”，这样的心境之下，赞美就是出于真诚。而“我觉得我很差劲，我觉得你真不错”，这种赞美潜藏着嫉妒和攀比心。所以，请不要吝啬你真诚的赞美，时不时地去体会“我觉得我不错，我觉得你也很棒”带来的喜悦和满足的感觉；也请时不时真诚地夸赞你的伴侣，你会发现，好的伴侣跟好的孩子一样，都是夸出来的！

学会自我接纳。生活中有很多事是不能改变的，比如，你出生于怎样的家庭、你的智商、你的天赋以及那些已经发生的挫折和伤痛。对于这些不能改变的，我们只能全然地接受，不再纠结，不再陷入痛苦的“凭什么是我”的内心煎熬里，彻彻底底地照单全收，摊开双手，接受一切，不再为这些不能改变的事实纠结烦闷。然后，改变你能改变的。虽然你的身高、长相、身材不能改变，但是你可以通过化妆、美容、穿衣搭配、健身来让自己变得更美好；你的智力和智商不能改变，但是你可以通过加强学习来拓宽自己的眼界，充实自己的头脑；你的脾气个性不能改变，但是你的语言表达能力是可以通过练习提高的，你的情商和为人处世的方式也是可以学习和成长的。

改变你能改变的，接纳你不能改变的——当一个人真正做到自我接纳时，他的内在自我才会真正长大！

与此同时，请彻底扔掉以下口头禅：

“我不如×××。”——停止跟任何人的比较，才是你成长的开始。

“我当初还不如……”——不去为已经发生的、无法改变的事情难过，懊悔之心只会抽空你想要自我改变的内在力量。

“人家会不会觉得……”——想要了解他人对自己的看法，就直接去征询对方的意见，而不是关起心门来瞎猜。内耗过大是对生命能量的损耗。

说服别人的前提，一定是无条件地相信自己，这样说出来的话才会掷地有声！

说话让人信服，怎么说比说什么更重要

生活中有太多的经验告诉我们，说服是一项很难的沟通技能。但马云却说，他的成功正是因为口才。因为，他一开口就能说服所有人。

确实，马云的讲话让人听着舒服，又能达到巧妙说服的目的。有一次，马云应邀演讲，邀请方给出的演讲主题是“一个人做事有哪三重境界”。马云稍作思索便说：“做得到，做得好，做得妙！”紧接着，他针对这三个要点进行了详细的阐述，说：“做得到，是指能够做成某件事；做得好，是指做事时不仅有逻辑思考能力，还有感性思维；做得妙，是指做完了一件事情后，给别人的感受是‘真牛’。”在每一个要点下，马云又进行了相应的举例说明。在场的听众无不鼓掌表示认同。

马云一开口就能让人信服，是因为他说出来的话有理有据、逻辑分明。从以下几个方面锻炼自己的表达能力，我们也能让自己的语言“站立”起来，一开口就能说服他人！

一、不要边想边说，避免中断性的连接词

想好了再开口，不能边讲边想。也不要用太多中断性词汇，即“嗯，呃，所以……所以，然后……然后”等口水词，尽量不重复前面说过的话。语速不能太慢，保持匀速就好。

二、陈述事实，多用客观描述性的词汇

当你陈述一件事时，请锁定在对客观事实的描述上，描述要准确且精当。而且，陈述的时间最好控制在一到五分钟，最好不短于一分钟——时间太短，听者还没被带入语境当中，你的讲话就结束了，不易于对方理解你话语中的意思。但也尽量别超过五

分钟，如果对方对你说的领域不熟悉或者是不感兴趣，陈述太长会让对方没耐心继续听下去。

三、内容要有清晰的逻辑层次

说话没有逻辑，听众理解起来费劲，你的表达也会失去说服力。我曾在某高校教播音主持专业的口语即兴表达课程，在教同学们如何更好地表达自己的观点时，我就要求他们用“第一，第二，第三”来做陈述。这样陈述可以让自己所说的内容层次分明，条理清晰，听者很容易就能接收并理解你话语中的信息。

所以，当你想要跟对方摆事实讲道理的时候，不妨效仿马云的“金字塔”式表达技巧——先讲总观点，再说分论点，再往下用实例或者是分论点做进一步的阐述，从上往下一级一级地阐述自己的观点。或者，你也可以用“一、二、三”来做归纳表达，这样会对你的语言信服力起到事半功倍的效果。

四、设计谈话的“题眼”

不管你的陈述是三分钟还是五分钟，都要有明确的谈话重点和要点，也就是你最想让他人记住的内容。这样，即使你的陈述内容不够吸引人，但是有了“题眼”点睛，你也能给人留下思维清晰、有条不紊的印象。

高效沟通是学问，说出重点是智慧。讲话精练又能句句说到要点上，才是令人信服的说话之道。

好的肢体语言可以让沟通更顺畅

肢体动作也是一种语言，是沟通的重要组成部分。良好的肢体语言不仅能展示一个人的魅力，还能带给人一种尊重感。这样的表达更能打动人，也更容易说服他人。

董卿采访著名翻译家许渊冲老先生的那一幕之所以能感动万千网友，正是因为她优雅又得体的肢体语言，她的那一跪被网友们盛赞为“跪出了最美的中华骄傲”。

恰当的肢体语言可以让你的表达更自信，更顺畅自如，产生“无声胜有声”的沟通效果。那么，与人沟通时，怎样的肢体语言是恰当合适的呢？

体态

· 不要坐立不安，不要摇摆或晃动。

· 不要后仰，不要弯腰，不要驼背。

· 站立时，双脚不要并拢，打开与肩同宽。

· 不要一直将身体倚靠在桌子边。

· 坐着的时候不要频繁地跷二郎腿。

· 听别人发表意见的时候，可以轻微点头表示尊敬，也可以上身微微前倾表示自己的兴趣。

目光

· 不要花太多时间看笔记或PPT。

· 不要把目光聚焦在地上，会给人一种不自信的感觉。与人对话时，请保持平视。

· 尽量看着听你说话的人的眼睛及其周围的部分。不敢和对方对视，躲避其视线会让你显得很心虚。

· 如果是大场面的演讲，你的目光大多数时候应放在后排听众身上。

手部

· 放松你的肩膀。

· 不要不停地摸自己的脸或者鼻子，这只会让你变得更紧张，也让你的慌张和不自信暴露无遗。

· 不要把手交叉放在胸前，会显得你防御心过重。但也不要将手一直插在口袋里，更不要一直拘谨地放在身体两侧。

· 用手势辅助你的表达，大部分时间里，两手的位置请高于腰部。

· 让手掌张开，不要握拳；掌心向上，不要用单独的手指去指指点点。

其他要注意的非语言问题

· 尽量不要隔着桌子、椅子、幕布或其他东西和大家说话。

· 放慢语速可以让你慢慢冷静下来，减少你的心理压力。

· 保持微笑。

在练习肢体语言的时候，你可以试着用手机录下来，然后用挑剔的眼光看一遍。练习越多，你就越能自如地表达了。

彩蛋篇

『全国金话筒』主播教你练声音

声入人心：普通人如何拥有主播般的好声音

赵忠祥老师配音的《动物世界》算得上是几代人心中的美好回忆。他用不紧不慢、低沉浑厚的声音讲述着动物们的故事，饱含感情，富有磁性，抑扬顿挫，一个个动物形象灵动而又充满生气。

有一次，中央电视台著名节目主持人、知名朗诵表演艺术家陈铎在接受澎湃新闻采访时说道："在我看来，赵忠祥的解说自有一套，他是一个比较感性的人……从解说的角度，他在《动物世界》里转变更为成功，这个栏目一开始也有别人解说，但没有赵忠祥那么细致精到，他不把这事儿当行活儿，而是倾注了很大的心力。平心而论，赵忠祥的气息较短，但他善于扬长避短，在《动物世界》里他琢磨出一种气音似的、轻声的解说方式。其实他本人音量并不大，但是嗓音低沉，善于演绎深沉的情绪。所以这档栏目，包括后来改版的《人与自然》，都给广大观众留下了深刻的印象。"

赵忠祥老师用美好的声音创造了一个时代的美好记忆。艺术家陈铎的这段话则向我们传达了这样一个信息——声音虽然是天生的，但我们可以通过后天训练让声音变得好听、有魅力。

发声系统的“乐器”原理

声音、吐字、语言表达，是我们说话的三个维度，也是三种学科知识。但这三者之中，声音是说话的灵魂，是语言的“外包装”，是与人交谈时是否会影响到自身印象的决定性因素。如果你想进一步提升自己的语言表达能力，声音的练习不可或缺。

我在中国传媒大学读播音主持专业时，导师曾经说：“天下没有难听的声音，只要掌握正确的发声技巧，任何人都能做播音员。”导师的话很好地诠释了声音的真谛。

发声系统就好像我们天生自带的一种乐器，差别仅在于先天的音色不同。说话声动不动听、悦不悦耳，关键在于你是否懂得弹奏你自带的这个“乐器”。只要掌握了正确的发音技巧，再多加练习，你就能拥有人人羡慕的好声音。

声音由物体震动而产生。敲锣时我们会听到锣声，要停止发声，只要用手按住锣面。打洋琴时，将一片小纸条放在琴弦上，小纸条就会跳动，等琴声停止，小纸条便停止跳动。同样的原理，我们发音时将手指贴在喉咙上，也会感觉到震动。

人体的发音系统分为三大区域：动力区、声源区、调音区。

一、动力区：肺 、横膈膜、气管

肺是呼吸气流的活动风扇，呼吸气流是声音的动力。肺部呼出的气流通过支气管到达喉腔，作用于声带、咽腔、口腔、鼻腔，然后发出声音。

二、声源区：声带

声带位于喉腔中间，是两片富有弹性的带状薄膜。两片声带之间的空隙叫声门。肌肉的收缩使声门打开或关闭，从肺中出来的气流通过震动发出声音，声带的松紧决定声音的高低不同。你可以试着发“咦”这个音，感受下声带的松紧度。

三、调音区：口腔、鼻腔、咽腔

口腔后面是咽腔，咽头上通口腔、鼻腔，下接喉头。口腔和鼻腔靠软腭和小舌分开。软腭和小舌上升时，鼻腔关闭，口腔畅通，这时发出的声在口腔中共鸣，叫口音。比如“啦”这个音，捏着鼻子也能发出来。

软腭和小舌下垂，口腔成阻，气流只能从鼻腔中发出，这时发出的音在鼻腔中共鸣，叫鼻音。有些人的软腭总是挺不起来，于是声音听起来很窄，不够圆润浑厚。比如“青音”两字的发音。

根据不同部位在发音过程中的作用，我们还可以将发音系统分为四个部分：呼吸器官、发声器官、吐字器官和共鸣器官。

呼吸器官包括肺、膈肌和胸廓，它们为发音提供所需的空气动力。

发声器官包括喉头和声带，其作用是在空气动力的推动下，发出可供吐字器官和共鸣器官加工的声音。

吐字器官包括唇、齿、舌、软腭、硬腭等，它们会对发声器官产生的声音进行加工，形成具有意义的声音。

共鸣器官由口腔、咽腔、鼻腔和胸腔构成，它们对构成声音、扩大音量和丰富音色有很大的帮助作用。

发音系统由生理作用各不相同的器官构成，当这些器官参与发音活动时，就形成了一个可以相互配合协调的整体。

为什么大家的发声“零件”都一样，发出来的声音却各不相同呢？因为每个人的音质、音长、音阶和音量的搭配不同。

练就金嗓子的“四把金钥匙”

音质、音长、音阶和音量，被称为变声的“四把金钥匙”。

我们先来做一个小试验。请大家分别用真诚感激、鄙夷讥讽、喜出望外的语气来说“谢谢你，我真是托了你的福”这句话。大家有没有感觉出来差别？这其中不同的感情和语气，就是通过变声的“四把金钥匙”完成的。

一、音质

一个人的音质如何，取决于对共鸣腔的运用。身体里可以发声的共鸣腔有五个，即头腔共鸣、鼻腔共鸣、口腔共鸣、喉腔共鸣和胸腔共鸣。虽然听起来有点复杂，但是只要结合场景和案例来阐述，就会好理解很多。

什么是头腔共鸣？

我们都有过这样的经历，大声训斥对方之后，会感觉脑袋被震得发麻，嗡嗡作响。这就是头腔共鸣的结果。

头腔共鸣的位置就在脑门中间眉心的位置，也就是头腔共鸣点。

头腔共鸣通常用于比较大的场面，比如大会开幕式主持、活动开场，或者是在情绪失控大喊大叫的时候。比如下面这句开幕致辞，大家跟我一起来感受下声音从眉心发出的感觉：“各位领导、各位来宾，比赛马上开始，让我们以热烈的掌声欢迎所有选手上场！”

怎么练习头腔共鸣呢？练习头腔共鸣的最好方法是哼鸣，就是闭着嘴巴哼。用打哈欠时的吸气状态，笑肌微提，将嘴唇轻轻闭上，上下牙略分开，口内略呈“O”字形，舌根放松，软腭上提，用平缓的气流冲开声带发出带“m”音的哼鸣声，音量不宜过大，声音延长哼鸣，尽量使声音的集中点和着力点往前、往上，好像声音发自鼻腔后部的上方。这时，你的嘴唇会产生麻的感觉，同时眉心及周围的骨面会有明显的震动感，这就是头腔共鸣了。

什么是鼻腔共鸣？

鼻腔共鸣的点在鼻梁中部，靠近鼻尖的位置。闭嘴发“m”的音，声音就得走鼻腔，鼻腔就会共振。这时，你张开嘴发出的声音就有鼻腔共鸣。为什么林志玲的声音听起来娇滴滴的？这其实就是鼻腔共鸣作用的结果。

女性如果长期用鼻腔共鸣发声，就会给人一种楚楚可怜、需要保护的感觉。比如说，爱撒娇的女人最常说的话是：“不嘛，人家不要嘛！”而男人如果用鼻腔共鸣，听起来就会比较女气，声音较窄。但是如果你的声音听起来过于理性、犀利、有距离感，不妨增加一些鼻腔共鸣，反而能给你的声音添加一些柔美和感性。

怎么练习鼻腔共鸣呢？鼻腔共鸣跟后鼻音发音有关。平时可以通过多练习这些字音来训练，也可以通过把嘴巴闭合，用鼻子哼鸣，拉长这些字音。比如，闭着嘴巴，用鼻子发“eng”。这个时候，你拿手指摸一下鼻梁，如果鼻梁有震动感就是对的。

什么是口腔共鸣？

声音从口腔以及喉头上部的咽腔中获得的共鸣，我们称为口腔共鸣。新闻播音员的声音就是典型的口腔共鸣发声，给人四平八稳、理性客观的感觉。

如果孩子平时总是不听话，那为人父母的你就要想想，是不是你声音中的鼻腔共鸣用得太多，听起来没什么震慑力？你不妨改用口腔共鸣来发声说话，相信你的孩子会被你客观冷静、不容置喙的说话声所震慑，变得老实很多。

“听话，要按时写作业，按时睡觉，知道吗？”再试试看。

怎样练习口腔共鸣呢？跟大家分享一个方法：首先，你必须让口腔中的各个有关部分，包括唇、齿、牙、舌以及相应的咽、喉自然地松开，会厌（位于舌部及舌骨之后）轻轻抬起，让咽、喉腔保持通畅，这时，你会感觉口腔壁、咽腔壁的肌肉有种坚硬的感觉。发声时，口腔自然上下打开，笑肌微微往上提，下腭自然放下稍微往后带，上腭有上提的感觉。声带发出的声波随着气息的推送离开咽喉向前递进，在口腔的前上方集中反射而引起震动，这样才会达到良好的共鸣效果。

如果你觉得这个方法比较复杂，那你平时也可以通过大声朗读新闻来加以练习。

什么是喉腔共鸣？

喉腔共鸣点在嗓子眼儿，用喉腔共鸣发出来的声音非常通透，听上去非常舒服，一般用于温暖的场景中，比如照顾、关心对方时发出的声音。所以，如果你想表达对别人的关心和体贴，就可以多用喉腔共鸣。我在做夜间谈话主持人时就经常运用这种声音。

怎么练习呢？最好的方法就是，在发声之前通过深呼吸把喉结的位置降到最低，让喉结保持在一个相对稳定的高度以及状态。深呼吸带动喉结下降时，喉咙是打开的，肌肉和舌头都是放松的。在平时，我们可以通过做深呼吸来锻炼下压喉结肌肉群的能力，让喉结处于低位变成习惯性动作，让声带和气息协调一致。

试着用温暖的声音读这句话："亲爱的小丽，你还好吗？分别三个月，非常挂念你。春天来了，多希望这个时候是我陪在你身边。"

什么是胸腔共鸣？

胸腔共鸣的点在胸前第二颗纽扣的位置。现在很多男生说话会刻意追求声音的浑厚，把发音位置往后靠，更多的是用胸腔共鸣，靠胸来发音。

如果你希望说话时变得更有气场、更有力度，平时一定要多多练习胸腔共鸣。

怎么练习呢？大家注意，胸腔共鸣的练习一定要注意保持松弛的状态。发声时，咽腔部呈打哈欠的状态，下腭自然下垂，把声波的发射点从口腔的前上方移向下齿背，使声波在喉头和器官附近引起更多的震动，并继续传送到胸部，并引起共鸣。

二、音长

音长代表你说话的情绪与情感，包括声音长短和节奏两个部分。很多情况下，说话的字音越长，意味着和对方的关系就更近。大家来感受下：

字音短促："你好，请这边走。"对方可能是陌生人或不熟悉的合作方。

字音短中："好的，你这个情况我了解了。"这是普通朋友，彼此比较客气。

字音拉长："喂，小李吗？我是小王啊。"这是互相数落的朋友。

字音再拉长："宝贝，今天开不开心呀？"这是非常亲密的关系。

声音的长短能反映两个人关系的远近，声音节奏的快慢则能反映说话时的气氛。节奏快，间隔短，说明气氛正热烈，情绪正兴奋，比如卖场大促销："好消息，好消息！今日特价，买一送一！机不可失，时不再来！"

如果节奏间隔适中，则是在营造氛围，讲故事，这样可以逐渐将人带入情境中去。比如纪录片《舌尖上的中国》的配音："这道美食的名字来源于一个真实的故事，故事发生在三年前，在北京的一条幽深幽深的巷子里……"

节奏间隔缓慢，则可能是在推心置腹促膝谈心，进行深入交流："你最近怎么了，看起来经常不高兴的样子，是我哪里做得不好吗？还是你遇到了什么事？"

三、音阶

音阶有点像唱歌时的起调，从ABC任何一个调起都有讲究。

音阶较高的人，发声就显得激情澎湃，仿佛随时都处于备战状态。比如推销员或是老师。但如果声带长时间处于紧绷状态，就会造成声带受损，也会给人过于圆滑的感觉。发号施令或者是鼓舞士气的时候，也很容易破音。

音阶适中的人，给人的感觉是诚恳实在，有亲和力，容易获取对方信任，长时间说话也不会觉得消耗嗓子。

音阶较低的人，则不容易引起别人注意，存在感相对较低，会给人留下消沉、软弱的印象。

如果说话时的音调曲折婉转，那多半是性格开朗外放、喜欢表演的人。比如："我知道你是个好人，街坊四邻有谁不知道这一点呢？"

如果音调平平，就会给人一种故意端着架子不太在意的感觉。比如："这件事情我已经说过很多次了，你自己考虑吧。"

音调降低，就有一种不想再说下去的感觉。比如："你今天很不开心，说出来让我听听吧。"

音调升高，带有鼓舞激励的作用。比如："没关系吗？你以为我没听到？"

四、音量

音量较大，听起来会有攻击性，但也可以产生鼓舞的正面效果；音量较小，感觉会比较弱势，缺乏力道感；音量适中，则需要在每句话的重音处做好拿捏和取舍。比如"真的要谢谢你，这次多亏了你"这句话，音量不同，呈现的效果也会不同。

好声音自然具备吸引力，像磁铁般吸引人。但好声音不只是好听，还应该给人信赖的感觉。相信你，对方才愿意听下去；交谈时表现出好奇，也能够激起对方表达的欲望。

能吸引人的声音就是好声音，勤加练习，每个人都可以成为"金嗓子"。

让你的声音更好听：提升声音质感的六大技巧

经过多年对声音的探索和学习，我已经具备了一项“超能力”——仅听一个人说话的状态，就能大致判断出他的情绪。

有一次搭朋友的顺风车，广播里的女主持人声音很甜美，尾音却很拖沓，有些音好像在故意拉长，有种拿腔拿调的感觉。我说：“这个主持人好像已经对工作失去热情了，感觉有点应付，她应该是一个性格比较急躁的人，是那种做事不太有耐心的人。”

我的朋友听完一脸惊讶地说：“天啊，你说得也太准了吧。这就是我们台的节目，她正在跟台里提离职呢，原因是台里推了一年她还没有走红，她已经没信心了，想赶紧回家相夫教子。”

我之所以能听声识人，是因为每个人的声音都是有“密码”的，只要学会破解这些“密码”，就可以自如地驾驭自己的声音，让声音更有魔力。

解读声音“密码”：影响好声音的因素

声音“密码”指的是个性、心理状态以及当下情境。

个性和声音之间的关系非常密切，在一定程度上，性格决定了声音，声音是结果，性格才是动力和原因。比如有的人个性耿直爽快，他的声音就比较明朗、洪亮、扎实、节奏较快；有的人历经蹉跎，导致个性消极，声音就会喑哑疲惫、无精打采；有的人意志坚定、个性沉稳，声音也会非常有力道，有领袖气质；还有的人思维理性，心思缜密，为人处世极有逻辑和条理，他的声音则不会含有太多情绪，发音咬字清晰，层层递进。

但是，声音的形成并不完全由性格决定，有些人为了掩饰自己会故意表现出另一种声音状态。所以，有的人虽然声音温柔，却给人一种很假的感觉，好像在刻意掩藏自己精明刻薄的一面。不管一个人怎么掩饰，我们总可以从他的声音里捕捉到蛛丝马迹来大致判断他的真实性格。

除了个性，心理状态也会影响声音。而一个人的心理状态会通过情绪反映出来。如果情绪欢快，声音自然轻快；如果感到害怕，声音就会怯弱躲闪；如果焦虑不安，声音则会不平稳；如果内心充满自信，声音就会如钟声般清晰有力。

当下情境对声音的影响也不能忽视，不同情境下，一个人的音调、语气会各不相同。很多情侣会因为各种原因吵架，最常见的理由就是对方说话语气不够亲昵。比如，你正在和公司领导吃饭，对方忽然打电话进来，因为不方便多说，你的语气可能比较生硬，对方就会立刻不开心，觉得你不爱他了。这就是一个情境影响声音的典型场景。

怎样说话，声音才好听并有质感呢

在“芒果台”大热的综艺节目《声临其境》中，演员朱亚文的声音一出来就惊艳全场，让很多观众都“欲罢不能”。无论台词有多长，他都能吐字清晰，情感充沛，节奏速度、声音气息都把握得刚刚好，仅凭声音就能把人物的状态表达得淋漓尽致。网友直呼：他只要一开口，全世界的耳朵都要“怀孕”了！

通过后天的训练，我们可以让自己的声音变得跟朱亚文一样好听吗？当然可以。除非你的声带有病变。朱亚文在做客综艺节目《我和我的经纪人》时提到，他能够在《声临其境》夺得冠军，完全是依靠自己多年的苦练，充分说明了一个道理——台上一分钟，台下十年功。声音的形成不是一朝一夕的事，想要让声音变得好听肯定也不可能在短时间内实现。

那如何训练才能让我们的声音变得更加好听，增加个人魅力值呢？我结合多年的主持经验，跟大家分享六种提升声音质感的技巧。

一、气息共鸣控制

气息和共鸣是说话的基础。好听的声音应该是气息流畅平稳、共鸣点切换自如的。拥有好声音的前提是坚持不懈地练习，光说不练假把式！气息和共鸣，要一起练习。

我们先来说气息控制的练习。

气息是人体发声的动力和基础。配音界有一个说法——“掌握了正确的呼吸方法，也就基本掌握了正确的发声方法”，这句话不无道理。因为气息的速度、流量、压力的大小与声音的高低、强弱、长短以及共鸣情况都有直接的关系。要想嗓音富于弹性、耐久，你就必须先学会控制气息。怎么训练气息控制呢？跟大家分享几个小技巧。

1. 软口盖练习法。也称“闭口打哈欠”，顾名思义，就是打哈欠时故意不张开嘴，而是强制用鼻吸气、呼气。

2. 压腹数数法。平躺在床上，在腹部压上一摞书，吸足一口气，从“1”开始往后数。这样做是为了达到增强腹肌和横膈膜的控气力度的目的。练习之初，可以少压几本书，待适应了再循序渐进增加。

3. 气声数数法。吸足一口气，屏息数秒，然后用均匀、低微、带有气息的声音从“1”开始数数，数数时尽量不撒气，不漏气。开始之初可数得少一点。

4. 偷气换气法。选一篇长句较多的文章，用较快的速度通读一遍，边读边体会最佳换气处。或者，你也可以读短小精悍的诗歌、绕口令、散文之类的进行训练。

关于共鸣控制，我在前面提到了，身体里可以发声的共鸣器官共有五个，分别是头腔、鼻腔、口腔、喉腔和胸腔。在产生共鸣的过程中，共鸣器官把发自声带的原声在音色上进行润饰，使声音变得圆润而优美，而且轻松不费力。

我们都有过这样的体会，在人声鼎沸的嘈杂环境里，我们会不自觉地提高音调嗓门，扯着嗓子大声吼，结果声嘶力竭，嗓子累得要命，甚至会产生“失声”的感觉。为什么会这样呢？原因就是我们没有运用好共鸣控制。如何练习呢？在前面我详细跟大家分享了共鸣控制的练习技巧，大家可以回过头去温习下。

相信我，只要你坚持，拥有好听的声音只是时间问题。

二、吐字归音控制

吐字归音主要指的是普通话水平。一般来讲，普通话对声音的要求是辅音不含混，元音不含糊。用汉语拼音举例，就是声母和韵母发音要准确清晰。

比如，有些人前后鼻音不分，这其实很影响平时的工作和日常，声音的魅力和感染力会大打折扣，尤其是在一些演讲和陈述场合，会在很大程度上给自己减分。

可能有人会质疑，普通话好不好真的重要吗？港台腔也很好听，虽然有些人普通话不好，但是依然取得了成就。你说得没错，可是这些人即便没有好声音，但是有真才实学和过硬的能力，如果你能力不足，表达又很糟糕，岂不是更没有发展前途？

在语音学领域，关于普通话吐字归音的要求有一个很形象的比喻，叫“枣核形”。要领是，字头要叼住，字腹要拉开，字尾要收正。比如，“赵老师”中的zhao字，zh是字头，a是字腹，o是字尾。

如果有的人因为嘴唇和舌头无力，导致g、k、h、n、l发音不清，那么他的字头必然叼不住。如果软腭挺不起来，那么类似a、o、e也无法正常发音，字腹拉不开，声音自然不可能圆润动听。

所以，大家千万不要小看那些练习技巧，每一个都是训练声音的必备。

三、停连重音控制

什么是“停连重音控制”呢？停是停顿，连是连接，停连就是语流中停顿和连接的总称。而重音是指说话时运用声音形式着重强调和突出的音节。

想起这样一个笑话。古时候，有一个结巴的媒人去说媒，他这么介绍姑娘：麻子无，头发黑，脸大脚不大，好看。那时讲究三寸金莲，男方一听，觉得对方一定是位美女，于是择日成亲。可拜过堂后一掀盖头，发现姑娘丑得很。他去找媒人算账，媒人寄来一封信说：不是说得很清楚吗？麻子，无头发，黑脸，大脚，不大好看。

一句话被结巴媒人说得支离破碎，结果闹出了大笑话。由此可见，停连重音的控制对语言表达来说多么关键！

如何练习“停连重音控制”呢？我们需要借助一支笔来进行训练。小时候我们做阅读理解的时候，都会习惯性地标注重音和停顿，然后照着读。停连重音的控制练习也可以照此方法练习。等你熟练掌握了重音和停顿，说话的质感就会稳步提升。

四、音韵节奏控制

音韵是指普通话中的四声，即一声、二声、三声和四声，也叫阴平、阳平、上声、去声。比如八、拔、把、霸。四个音都能如钢琴一般，高高低低地清晰发出，韵律感十足，这样的声音才会好听。

一声，阴平，声音很轻，像晴空白云；二声，阳平，上挑，余音袅袅，无限延伸；三声，上声，先下后上，婉转如溪水；四声，去声，向下，斩钉截铁，蕴含力道。每一个声调都有独特的美感，但是，有些人对于第三声总是无法掌握，比如“她好吗”原本是一个阴平，一个上声，一个阳平。如果上声发音不全，第一个阴平又发错，就会变成“塔毫吗”，容易闹笑话。

而节奏就比较好理解，是指说话时的快慢，可以和音韵一起训练。

五、断句换气控制

不会断句就是不会停连。断句训练以及理解力训练应该一同进行，只有理解每句话要表达的意思，才会懂得应该在哪里停顿。

换气是一种让声音休息的技能，如果不会换气，则会影响语言表达的连贯性，情感和情绪也无法同步，再饱满的气息也无用武之地。

歌手唱歌、普通人说话，都需要练习换气。平时休息时多练习数数，一直数下去，中间不停顿。试试看，你在哪里换气呢？

如果断句和换气十分自如，自如到让人听不出来的地步，那你说话的声音无疑是充满质感的。

六、情感和情绪控制

一个人的声音通过后天的训练可以变得好听，但比好听的声音和标准的普通话更重要的是情感的表达。情绪和声音建立联系，让情绪通过声音传递到他人耳朵里，这才是有生命力的、好听的声音。通过声音起伏变化精准地表达情感和情绪，会更容易感染对方。如果你的声音一直平缓，时间长了，对方就会失去倾听的欲望，甚至还会感到不耐烦。

如何练习？掌握两个基本方法：共鸣和反差。

首先，你的情绪要和对方同频，这是共鸣。如果你在讲一件悲伤的事情，那么你说的话就要准确传达出悲伤的情绪，这样对方才能感应到。

用《背影》举例，文中有这样两段话：

> 我与父亲不相见已二年余了，我最不能忘记的是他的背影。
>
> 那年冬天，祖母死了，父亲的差使也交卸了，正是祸不单行的日子，我从北京到徐州，打算跟着父亲奔丧回家。到徐州见着父亲，看见满院狼藉的东西，又想起祖母，不禁簌簌地流下眼泪。父亲说："事已如此，不必难过，好在天无绝人之路！"

如果你在朗读的时候语调欢快轻松，或者过于平淡，那你的声音就完全不具备感染力。

而反差是指，当对方沉浸在某种情绪中，你想迅速引起对方注意，或想将他从某种情绪中拉出来时用到的声音技巧。比如对方正无精打采，如果你兴奋地问他："亲爱的，我要告诉你一个好消息，猜猜看是什么？"你的好情绪会立马感染到对方，并引起他的好奇。

说话过程中的情感情绪控制，可以通过一些朗读训练加以练习，把家人或朋友当成听众，尽可能地呈现自己。

（全书完）

高情商沟通

作者 _ 青音

编辑 _ 岳爱华　封面设计 _ 吴偲靓　主管 _ 黄杨健
技术编辑 _ 白咏明　责任印制 _ 刘淼　出品人 _ 王誉

鸣谢（排名不分先后）

一草 何娜 朱琳 王楠莹

果麦
www.goldmye.com

以 微 小 的 力 量 推 动 文 明

图书在版编目（CIP）数据

高情商沟通 / 青音著. -- 西安 : 太白文艺出版社, 2023.4（2026.1重印）
ISBN 978-7-5513-2360-4

Ⅰ. ①高… Ⅱ. ①青… Ⅲ. ①心理交往－通俗读物 Ⅳ. ①C912.11-49

中国国家版本馆CIP数据核字(2023)第031040号

高情商沟通
GAO QINGSHANG GOUTONG

作　　者　青　音
责任编辑　张　鑫
封面设计　吴偲靓
版式设计　王楠莹
出版发行　太白文艺出版社
发　　行　果麦文化传媒股份有限公司
印　　刷　天津丰富彩艺印刷有限公司
开　　本　880mm × 1230mm　1/32
字　　数　185千字
印　　张　7.5
版　　次　2023年4月第1版
印　　次　2026年1月第4次印刷
印　　数　19, 001—21, 000
书　　号　ISBN 978-7-5513-2360-4
定　　价　52.00元

联系电话：029-81206800
出版社地址：西安市曲江新区登高路1388号（邮编：710061）
营销中心电话：029-87277748　029-87217872